오래 살아야 하니까 단단하게

불안한 시대, 나를 지키는 삶의 태도

박자양

YANGSEOWON
양서원

프롤로그

노후가 아니라
생존이 걱정인 시대에

우리는 이제 오래 살아야 한다.
예전 같으면 인생의 끝자락이라 여겼던 나이가, 이제는 새로운 시작이라 불린다.
그런데 시작이라 하기엔, 솔직히 너무 지치고 막막하다.

예전엔 '남은 생을 어떻게 보낼까'보다 '지금은 어떻게 살아야 하나'가 더 중요했다.
이제는 그 둘이 동시에 우리를 짓누른다.
삶이 길어졌지만, 그 삶을 감당할 준비는 누구도 제대로 하지 못했다.
정년은 짧고, 지출은 늘고, 관계는 줄어든다.
몸은 조금씩 아프고, 마음은 점점 불안해진다.

언젠가부터 나도 모르게 계산하게 된다.
지금 가진 돈으로 몇 년을 살 수 있을까.
아프면 어쩌지, 일 못 하게 되면 어떡하지.
노후가 아니라 '생존'이 걱정이다.

그렇다고 우리가 아무것도 하지 않은 건 아니다.
열심히 일했고, 자식 키웠고, 내 역할을 다하려고 애썼다.
하지만 돌아보면, 정작 '나 자신을 돌보는 법'은 배우지 못했다.
남의 기대에 맞춰 살아오느라 내 마음이 얼마나 닳았는지
어느 순간 감각조차 없어졌다.

나는 그저, 이제라도 나를 돌보고 싶다.
불안해도 괜찮고, 가진 게 적어도 괜찮다는 말보다
'그럼에도 살아갈 수 있다'는 경험과 태도를 배우고 싶다.

이 책은 불안과 함께 살아가는 사람들을 위한 이야기다.
어떻게 버티는지, 어떻게 다시 일어나는지,
그리고 어떻게 나를 조금씩 회복해 가는지를 나누고 싶다.

나는 오랜 시간, 삶의 가장자리에서 마주한 얼굴들을 기억한다.
지친 기색을 감추지 못한 채, 말없이 하루를 견뎌내는 사람들이었다.
가난과 외로움 속에서도, 때로는 자식을 위해, 때로는 그저 오늘을
넘기기 위해
하루를 온전히 살아내려 애썼다.
그 안엔 절망도 있었지만, 어김없이 작고 단단한 생의 의지가 있었다.
그 힘을 '자기계발'이라 불러도 좋고, '지혜'라 해도 좋다.
나는 그것을 '살아내는 기술'이라 부르고 싶다.

긴 인생을 건강하게 버티기 위해,
그리고 내 삶의 의미를 놓치지 않기 위해
지금 우리에게 필요한 건 흔들려도 무너지지 않는 마음이다.
'마음의 뿌리'라는 건 결국, 어떤 상황에서도 나를 지켜내는 삶의 태도다.

당신이 이 책을 펼쳤다면, 이미 그 첫걸음을 디딘 것이다.
불안을 이기려 하기보다, 불안한 나와 함께 사는 연습.
그것이 이 시대를 살아내는 가장 강력한 지혜다.

박자양

목차

4장.
위태로운 삶을 지나온 사람들

5장.
내 삶을 지키는 마지막 기술

보너스 챕터.
혼자서도 괜찮은 연습 - 나와 함께 사는 연습

1장

돈보다 더 오래 가는 것들

요즘은 돈 이야기를 빼놓고는 하루를 설명하기 어렵다. 장을 볼 때도, 친구를 만날 때도, 퇴근길 편의점 앞에 멈춰 설 때조차 마음속에서는 먼저 셈부터 하게 된다. 원·달러 환율은 1,400원을 넘나들고, 고금리와 경기 침체의 그림자는 여전히 짙다. 뉴스는 환율, 금리, 성장률 같은 숫자로 요동치지만, 우리가 체감하는 건 숫자보다 마음의 압박감이다.

커피 한 잔, 택시 한 번도 마음의 여유가 없으면 쉽게 포기하게 된다. 택시를 포기하고 걸어온 밤, 집에 도착했을 땐 몸보다 표정이 더 무거웠다. 전기요금 고지서를 본 저녁, 불은 켜졌지만 마음은 더 어두워졌다.

우리는 자주 '돈이 부족해서 불안하다'고 느낀다. 하지만 조금 더 솔직해지면, 그 불안은 가진 것의 크기보다 내 안에 지탱할 무엇이 없다는 데서 비롯되는 경우가 많다. 불안은 단지 통장의 잔고에서 시작되는 게 아니다. 무언가를 잃게 될까 봐, 버텨낼 수 없을까 봐, 내가 나를 믿지 못할 때 가장 깊어진다. 그래서 불안은 숫자보다 먼저 찾아온다. 마음이 먼저 흔들리고, 감정이 먼저 무너진다. 그게 바로 '감정의 체감 지수'다.

식비는 외로움이 되고, 선물은 미안함이 되고, 생필품 하나에도 조심스러움이 묻어난다. 지출은 점점 감정과 연결되고, 돈은 나가고 잊히지만, 그때의 감정은 오래도록 흔적을 남긴다. 이 책에서는 그 현실을 외면하지 않는다. 청년은 짧아졌고, 노년은 길어졌고, 책임은 계속 쌓이고 있다. 하지만 지금 우리가 가장 먼저 회복해야 할 것은 자산보다 '삶을 바라보는 태도'다.

삶의 감각이 무너질 때, 우리는 외부의 변화에 더 크게 흔들린다. 지금 필요한 건 더 많은 수익이 아니라, 불안 앞에서도 나를 지켜낼 수 있는 단단한 기준이다. 돈보다 먼저 무너지는 건 마음이고, 가장 먼저 회복해야 할 것도 그 마음이다. 지금, 우리에게 필요한 건 그 감각을 다시 회복하는 일이다. 그리고 그 회복은 돈의 수치에서가 아니라, 나를 믿는 연습, 스스로를 돌보는 태도에서 시작된다.

01

물가보다 빠른 불안

마트에서 장을 볼 때면, 가격표를 오래 들여다보다가 결국 더 저렴한 대체품을 고르게 된다. 그리고 자꾸만 '이걸 지금 사도 괜찮을까?'라는 질문이 떠오른다. 계산대 앞에 서면 금액을 다시 확인하고, 필요한 것만 담았는데도 예상보다 많아진 총액에 잠시 멈칫하게 된다. 물가는 분명히 올랐다. 하지만 불안은 그보다 더 빨랐다. 물가가 오르기 전에 이미 마음이 움츠러들었고, 잔고가 줄기 전에 내가 가진 것이 부족하다고 느껴졌다.

돈보다 앞서 나를 갉아먹는 건, '앞으로 괜찮을까?' 하는 방향 없는 불안이었다. 이 불안은 단지 돈의 문제가 아니다. 내가 감당할 수 있는지, 혼자서도 버틸 수 있는지, 이미 너무 늦은 건 아닌지— 그런 질문들이 조용히, 그러나 끊임없이 밀려온다. 그것은 일상 속 작은 선택들에서부터 시작된다. 언제나 합리적인 결정을 내리려고 애쓰지만, 점점 더 감당할 수 없는 결정들이 쌓여간다. 그럼에도 불구하고, 아무 말 없이 스스로를 밀어붙이게 된다. 불안은 나의 결정을 점점 더 어렵게 만든다.

뉴스에서는 물가 상승률을 말하지만, 삶은 '감정의 체감 지수'로 움직인다. 커피값을 아끼려다 외로워지고, 택시를 포기한 밤에는 체력이 먼저 바닥나고, 하나를 줄일수록 마음에서 무언가 하나씩 빠져나간다. 그리고 그 빈자리가 자꾸만 커져 간다. 물가 상승은 단지 눈에 보이는 숫자일 뿐, 우리가 느끼는 불안은 이미 감정의 바닥을 움켜잡고 있다.

우리는 언제나 돈의 부족함을 불안의 핵심 원인으로 여기지만, 사실 그 불안의 뿌리는 그보다 깊다. 매일의 생계를 감당할 수 있을지, 나의 미래를 믿을 수 있을지에 대한 걱정이 더욱 큰 문제다. 물가가 오르는 것보다 더 무서운 것은 그로 인해 생기는 내 마음의 움츠러듦이다.

"월세와 식비 사이에서 친한 친구 생일 선물을 포기한 적이 있어요. 서로 안 주고 안 받는 걸로 정리하자고 말은 했지만, 사실은 내가 줄 여유가 없었던 거예요. 가깝다고 믿었던 사이마저 돈 앞에서는 거리를 재게 되는 내 모습이 낯설었어요. 그러다 보니 만남 자체를 미루게 되고, 결국엔 연락도 줄더라고요."

- 한 직장인의 고백

불안은 우리의 관계를 점점 좁혀놓는다. 서로 친해지기를 원하지만, 경제적 여유가 없다는 사실이 그 관계를 어렵게 만들기도 한다. 월급은 들어오지만 고정지출이 빠져나가고 나면 한 달이 너무 길다. 남들처럼 사는 게 왜 이렇게 벅찰까 싶은 마음과, '다들 이 정도는 감당하면서 사는 거겠지'라는 체념이 함께 따라온다.

"혼자 사는 건 외로움보다 생활비가 더 버거워요. 그래서 웬만하면 아프지도, 쉬지도 않으려 애써요. 내가 쓰러지면 아무도 채워주지 않으니까요."

- 한 여성의 이야기

불안을 느끼는 자기 자신이 한심하게 느껴질 때가 있다. 왜 이 정도 일로 흔들리는지, 왜 이렇게 예민하게 반응하는지. 하지만 불안은 약함이 아니라, 지금 이 삶이 그만큼 벅차다는 신호다. 우리는 매일 '괜찮다'는 말을 되뇌며 살아간다. 다른 사람들도 다 이만큼은 하니까, 나는 아직 버틸 수 있으니까. 그 말이 처음엔 위로였지만, 나중엔 마음을 눌러앉히는 핑계처럼 느껴지기도 했다. 더 이상 힘들다고 말할 수 없게 만드는 이유가 되었다. 그렇게 매일 조금씩, 말하지 않게 되고, 표현하지 않게 되고, 내 안의 불안조차 내가 받아들이지 못하게 된다. 그 침묵은 결국, 나를 자꾸 더 작고 얇은 사람으로 만든다.

지금 우리가 겪는 불안은 단순히 소득이나 물가 때문이 아니다. 지금 삶을 감당할 준비가 되지 않았는데도, 이미 너무 많은 책임과 선택이 우리 앞에 놓여 있다는 감각이다. 나를 추스를 틈도 없이 매일 밀려오는 생계와 관계, 불확실한 미래에 떠밀리고 있다는 피로다. 그래서 불안은 없애는 게 아니라, 함께 살아내야 하는 감정이다. 물가보다 빠른 불안을 탓하기보다, 그 속에서 나를 지키는 태도를 천천히 만들어야 한다.

아주 작고 단순한 루틴. 예를 들어 잠들기 전 물 한 잔을 마시며 오늘 하루를 돌아보는 일, 일정한 시간에 창밖을 내다보는 일처럼. 내가 나를 들여다보는 짧은 시간, 그리고 '오늘도 흔들리면서도 여기까지 왔다'고 조용히 자신에게 건네는 한마디. 그런 작은 습관들이 불안의 틈을 조금씩 메운다.

불안을 완전히 없애려는 기술보다, 불안한 날에도 나를 포기하지 않는 태도. 할 수 있는 만큼만 해도 괜찮다고 스스로를 다독이는 마음. 기운이 없어도 기본적인 식사를 챙기고, 해야 할 일을 하나라도 마무리하는 마음. 지친 하루 끝에 나를 원망하지 않고, 그저 내 편이 되어주는 마음. 그게 바로 지금 우리가 조금씩 연습해봐야 할 삶의 태도다.

02

정년은 짧아지고, 노년은 길어졌다

누구도 오래 살겠다는 계획을 세운 적은 없었다. 하지만 모두가 오래 살게 되었다. 문제는 오래 사는 것이 아니라, 그 시간을 어떻게 살아갈 수 있을까 하는 점이다. 30년을 일하고 30년을 더 살아야 하는 시대. 우리는 어쩌면 인생 후반전을 위한 준비 없이 전반전에서 이미 다 써버린 기분으로 살아간다. 예전에는 정년이 끝나면 삶도 함께 정리되는 것처럼 여겨졌지만, 이제는 정년 이후가 삶의 절반을 차지한다. 노년은 삶의 마침표가 아니라, 또 다른 시작이 되어버렸다.

그런데 준비 없이 맞이한 시작은 기대보다는 막막함에 가깝다. 노후는 더 이상 먼 미래가 아니라, 월급이 끊기고 병원 진료 예약을 달력에 먼저 적는 날부터 실감되기 시작한다. 그날이 다가올수록 자유보다는 불안이 커지고, 마음은 한결 가볍기보다 오히려 무거워진다. 노후에 대한 생각이 자주 밀려오는 것이다. 우리는 언제나 '나중'으로 미루었던 준비를, 결국 시간에 쫓겨 하게 되는 경우가 많다. 지나고 나면 생각보다 준비가 부족했던 자신을 발견하게 된다.

이렇게 말하는 사람도 있다. "예전엔 시간이 빨리 간다고만 생각했는데, 요즘은 하루하루 내가 할 수 있는 일과 선택지가 조금씩 줄어드는 것 같아요." 퇴직을 앞두고도 앞으로 살아갈 날을 계산해야 하고, 노년을 준비하면서도 지금 당장의 생계를 꾸려야 한다. 매일매일, 현재와 미래를 두고 놓고 고민하는 삶은 결코 편안하지 않다. 그럼에도 우리는 그 많은 시간들을 어떻게 해야 할지 막막해하며 살아간다.

우리는 언젠가를 준비할 여유도 없이 지금을 감당해야 하고, 지금을 감당하느라 언젠가를 자꾸 미뤄두게 된다. 그래서 노후는 두렵다. 단지 돈이 없어서가 아니라, 그 시간을 살아갈 이유와 방법을 모르기 때문이다. 매일을 살아가며 끊임없이 반복되는 일상 속에서, '내일은 조금 더 잘 살아야지'라는 생각만으로 시간을 흘려보낸다. 문득 이런 생각이 들 때도 있다. '이 나이에 뭘 시작할 수 있을까? 지금부터 뭘 해도 늦은 건 아닐까?' 하지만 사실 늦은 것이 아니라, 누구도 충분히 알려주지 않았던 것이다. 시간이 지나고 나서야, 우리는 진정으로 나를 위한 삶을 시작해야 한다는 사실을 깨닫는다.

한 남성은 55세 퇴직 후 자신을 불러줄 곳이 없을 거라고는 생각하지 못했다고 말했다. "직장에서 나오는 순간, 나를 불러주는 곳이 없을 거라고는 생각 못 했어요. 그동안 나는 역할로만 존재했던 것 같아요." 직함을 내려놓고 나면, 자신을 어떻게 불러야 할지 모르는 사람도 있다. 그동안의 직무, 성과, 책임은 정리되었지만, 남겨진 일상은 더 막막하다. 하루 종일 할 일이 없다는 것은 단순히 심심한 것이 아니라, 하루의 존재 이유가 흐릿해지는 일이다.

한 중년 여성은 30년을 가족을 위해 살아왔지만, 아이들이 다 크고 나니 자신이 남겨졌다고 느꼈다고 한다. "나를 위해 살아본 적이 없어서, 나를 어떻게 돌봐야 하는지도 모르겠더라고요." 노년을 준비한다는 것은 단지 재정을 준비하는 것이 아니라, 나를 위한 삶을 회복하는 일이기도 하다. 지금까지 해온 역할, 책임, 관계에서 한 발 물러서서 이제는 '내가 나를 어떻게 살아갈 것인지'를 묻는 시간이다. 이 시간이 지나면 다시 되돌릴 수 없다는 걸 깨닫고, 우리는 비로소 자기 자신을 위한 시간을 마련하기 시작한다.

우리가 오래 사는 시대에 필요한 것은, 새로운 기술이 아니라 새로운 기준을 설정하는 것이다. 앞으로 얼마나 살 것인가보다, 그 시간을 어떤 태도로 살아낼 것인가가 더 중요하다. 삶이 길어진 만큼, 내 마음의 호흡도 다시 조정해야 한다. 빨라야 한다는 강박에서 벗어나, 조금 느리게 가도 괜찮다고 말할 수 있어야 한다. 하루에 한 번은 '이만

하면 괜찮아'라고 스스로를 인정해주는 것. 그런 일상의 다짐은 삶의 속도를 늦추고, 무게중심을 바꾸기 시작한다.

아침에 침대에서 일어나는 이유가 생기고, 하루 중 한 번쯤 스스로에게 따뜻한 말을 건넬 수 있는 마음이 생긴다. 하루를 무사히 보낸 것만으로도 충분하다는 감각이 차오르고, 남과 비교하기보다 내 호흡에 맞춰 살아가는 법을 배우게 된다. 내일을 향한 두려움에 지배당하기보다 오늘 하루를 무너뜨리지 않겠다는 의지가 조금씩 자란다. 지금 이 나이의 나로 살아갈 수 있는 감각, 나이 듦이 단절이 아니라 연결로 이어질 수 있는 감각. 그 감각을 회복하는 것이, 이 길어진 후반전을 버티는 힘이 되어줄지도 모른다.

03

자산이 아닌 태도를 준비할 때

우리가 가진 것보다 중요한 것은, 어떤 태도로 그 시간을 살아가느냐다. 가진 돈이 많든 적든, 불안은 누구에게나 찾아온다. 하지만 그것을 어떻게 받아들이고 반응하느냐는 전적으로 우리의 태도에 달려 있다.

경제적인 불안에 맞서는 유일한 방법은 마음을 다잡는 훈련이다. 돈을 늘릴 수 없다면, 내가 흔들리지 않는 쪽으로 기준을 옮겨야 한다. 먼저, 나만의 기준을 세우는 것이 필요하다. 남들이 정한 소비 기준에 휘둘리지 않고, 나에게 필요한 소비와 불필요한 소비를 구분하는 감각이 중요하다. 예를 들어, '내가 이 소비로 얻는 감정은 무엇인지', '이건 진짜 필요해서 사는 것인지' 같은 질문을 습관처럼 스스로에게 묻는 연습이다. 이런 질문을 반복하다 보면 자연스럽게 나만의 기준이 만들어진다.

예를 들어, '매달 예산 내에서만 쓴다'는 단순한 원칙부터, '살 때는 망설였지만 쓰고 나면 후회 없는 소비만 한다', '한 번 더 고민하게 되는 건 보류한다', '3일이 지나도 마음에 남는 물건만 산다' 같은 개인의 규칙들이 생긴다. 이 기준은 절약의 도구가 아니라 마음의 중심을 지켜주는 안전선이다.

이런 기준을 설정하는 일이 중요한 이유는, 나의 마음이 흔들리지 않도록 내 삶을 조절하는 방법이기 때문이다. 우리는 외부에서 오는 자극에 반응하기보다는, 내 안에서 만들어진 기준을 통해 자신의 선택을 지켜나가야 한다. 그렇게 자기 주도적인 태도를 만들어가는 것이야말로, 그 어떤 물질적인 자산보다 더 중요한 자산이 될 수 있다.
또 하나는 '비워도 괜찮은 나'를 만드는 것이다. 줄이는 삶은 부족한 삶이 아니라, 나를 조율할 수 있는 능력이다. 소비를 줄이는 것이 아니라, 삶의 방향을 재정비하는 선택이다. 덜 쓰기 위해서가 아니라, 더 나은 삶을 위해서 덜어내는 것이다. 이는 우리가 가지고 있는 것들을 다시 한 번 점검하고, 진정으로 필요한 것만을 남기고 불필요한 것들을 빼는 작업이다.

예를 들어, 매일 커피를 사 마시는 대신 집에서 따뜻한 차를 내려 마시며 하루를 시작하는 것. 편의점 식사를 끊고 주 3회만 집밥을 해 먹는 것. 작은 실천이지만 마음에 주는 안정감은 크다. 돈을 아끼는 것이 아니라, 나를 챙기는 방식이 달라지는 것이다. 이 작은 변화가 쌓일 때, 물질적인 것들이 아니라 정신적인 안정이 쌓여가게 된다. 나를 돌보는 새로운 태도가 만들어지는 순간이다.

또한 '남의 리듬이 아닌 나의 리듬'을 찾는 것도 중요하다. SNS에 올라오는 타인의 소비나 성취, 루틴에 나를 대입하기 시작하면 삶이 초조해진다. '나는 왜 저만큼 못할까?'가 아니라, '지금 나에게 맞는 속도는 무엇일까?'를 스스로에게 물어야 한다. 나의 하루, 나의 체력, 나의 여건 안에서 실행할 수 있는 가장 작고 꾸준한 실천이 필요하다. 다른 사람과 비교하지 않고, 나만의 속도로 가는 것은 시간이 지나면서 점점 더 중요해진다. 그 속도는 내가 어떤 기준을 세우느냐에 따라 다르다. 남들의 속도에 맞추지 않고, 내 리듬을 찾는 과정에서 불안은 점차 가라앉고, 더 나은 삶의 태도가 자리를 잡게 된다.

그리고 중요한 태도 하나는, '지금 있는 것 안에서 먼저 움직이기'다. 무언가를 갖춘 다음에 시작하겠다는 생각은 불안을 더 키운다. 기다리는 사이, 마음은 점점 움츠러든다. 지금 있는 돈, 지금의 시간, 지금의 체력 안에서 내가 할 수 있는 가장 작은 선택을 오늘 실행해보는 것. 그것이 태도의 힘이다.

나도 그랬다. 나는 늘 목표를 달성한 뒤에야 나에게 어떤 보상을 허락하는 사람이었다. 예를 들면, 여행을 가고 싶다면 '내가 이 프로젝트를 끝내면', '돈을 얼마 이상 모으면'이라는 조건을 먼저 걸었다. 무엇인가를 배우는 일도 그랬다. 취미 하나조차도 큰 계획의 결과로서만 허락했다. 혼자일 때는 그나마 내가 원하는 순간을 내 마음대로 선택할 수 있었다. 하지만 결혼을 하고 아이를 낳고 나니, 나 자신에게 쓰는 것에 점점 더 인색해졌다. 돈도 시간도 감정도 '내가 원하는 것'보다 '가족에게 필요한 것'이 우선이 되었고, 그러다 보니 나를 위한 선택은 늘 맨 마지막으로 밀려났다.

하지만 그런 나를 어느 순간 알아차리게 되었고, 그때부터 조금씩 바꾸는 연습을 시작했다. 더 이상 거창한 목표를 채운 뒤에야 삶을 누릴 수 있다는 생각에서 벗어나, 지금 내가 진심으로 바라는 것을 그 순간에 해보자는 결심을 실천해 보기로 했다. 큰돈을 모으지 않은 채 떠난 짧은 여행, 이 돈이면 자녀 운동비에 보탤 수도 있었지만, 그 돈으로 처음으로 나 자신을 위한 필라테스 수업에 등록했다. 오롯이 나를 위한 시간이었고, 누군가의 기대에 맞추지 않아도 되는 드문 순간이었다. 운동이 끝나고 돌아오는 길, 몸은 피곤했지만 마음은 오랜만에 정돈되어 있었다. 그 경험이 알려준 것은 분명했다. 내가 나를 우선순위에 둘 때, 삶 전체의 균형도 조금씩 회복되기 시작했다. 놀랍게도 그 일들은 나의 삶을 더 가볍고 단단하게 만들어주었다. 작은 선택이었지만, 매일의 피로가 덜어졌고, 감정이 정리되었으며, '나를 챙기고 있다'는 뿌듯함이 생겨 나 자신에게 조금 더 따뜻해졌다.

그렇게 나를 대하는 방식이 달라지자, 무언가를 해내지 않아도 괜찮다고 스스로를 바라볼 수 있게 되었고, 하루를 '견딘' 것이 아니라 '살아낸' 것으로 느낄 수 있었다. 목표를 이룬 다음이 아니라, 지금 내가 원할 때 나를 돌보는 경험은 삶의 질을 실질적으로 바꿔놓았다. 더는 삶이 '버티는 것'만으로 설명되지 않았고, 하루의 끝에 작은 만족과 여유가 남기 시작했다.

'준비되면 하겠다'는 생각은 나를 멈춰 세운다. 하지만 '지금의 나로도 해볼 수 있다'는 감각은 나를 한 발 움직이게 한다. 그 작은 움직임이 나를 살아 있게 만들고, 내 삶의 주도권을 되찾게 한다. 그 작은 실행은 생각보다 많은 것을 바꾼다. 미루어두던 서랍을 정리하고, 일기를 쓰고, 공원을 걷고, 누군가에게 안부를 묻는 일. 이 모든 것이 내 안에 '움직일 수 있다'는 감각을 되살려준다. 돈보다 먼저 회복해야 할 것은 마음의 주도권이다.

불안을 없애는 능력이 아니라, 불안 속에서도 중심을 잃지 않는 힘. 불확실한 시대일수록 자산은 줄 수 있지만 태도는 스스로 만들 수 있다. 그리고 이 태도는 쌓이는 자산처럼, 쌓일수록 나를 지탱해준다. 자산은 언젠가 줄어들지만, 태도는 축적된다. 그것이 이 시대에 우리가 스스로를 위해 준비할 수 있는 가장 현실적이고 유효한 기반이다. 나의 속도를 인정하고, 나의 기준을 만들고, 나의 리듬으로 사는 연습. 그것이 지금 우리가 준비할 수 있는 가장 든든한 자산이다.

나의 속도를 인정하고, 나의 기준을 만들고, 나의 리듬으로 사는 연습. 그것이 지금 우리가 준비할 수 있는 가장 든든한 자산이다.

2장

불안한 나를 이해하는 시간

우리는 흔히 불안을 약함으로 오해한다. 하지만 불안은 지금 내가 감당하고 있는 삶의 무게를 알려주는 감각이다. 그 무게는 꼭 물질적인 것만이 아니다. 삶의 변화, 선택의 갈림길, 예측할 수 없는 미래에 대한 걱정이 쌓여 불안으로 다가올 때, 우리는 그것을 약점으로 여긴다. 그러나 사실 불안은 우리가 지금 얼마나 많은 것을 신경 쓰고 있는지, 얼마나 힘든 상황에 처해 있는지를 알려주는 신호일 뿐이다.

누구와도 비교하지 않아도, 이유 없이 흔들리는 날들이 있다. 그런 날일수록 우리는 더 냉정해지려 하거나, 더 단단해지려 애쓴다. 타인의 모습을 바라보며, 나와 다른 속도와 방식으로 살아가는 사람들을 보며, 내가 느끼는 불안은 사소한 것 같다는 생각이 들기도 한다. 그런 생각들이 결국 나를 더 혼란스럽게 만든다.

하지만 불안을 줄이려는 노력보다 중요한 것은 불안을 느끼는 나 자신을 알아차리고, 인정하는 일이다. 지금 내가 왜 힘든지, 어떤 기준도 없이 흔들리는 것은 아닌지, 남의 속도가 아니라 내 리듬대로 살고 있는지를 천천히 들여다보는 시간. 불안은 나를 돌아보게 하고, 나의 감정과 생각을 더 깊이 인식하게 한다. 그 인식이 바로 자기 인식이다.

이 장은 불안을 없애는 법이 아니라, 불안한 나를 받아들이는 태도에 대해 이야기한다. 우리는 불안을 억제하거나 제거하려고만 하던 오래된 습관에서 벗어나야 한다. 오히려 불안을 수용하고 이해하는 과정이 중요하다. 그 과정 속에서 나는 스스로를 더 잘 알게 되고, 그 불안을 스스로 다룰 수 있는 방법을 찾게 된다. 불안을 인정하고 받아들여야 비로소 그 불안과 함께 살아갈 방법을 배우게 된다. 이 장에서는 자기 인식의 중요성을 강조하며, 나의 감정과 불안을 어떻게 건강하게 다룰 수 있을지에 대해 이야기한다.

01

불안은 약함이 아니라 감당의 신호다

불안은 삶의 전환점마다 모습을 바꿔 가며 찾아온다. 태어난 지 얼마 되지 않은 신생아는 불안을 느낄 일이 거의 없다. 배고프면 울고, 졸리면 운다. 세상이 두렵거나 내일이 걱정되어 우는 것이 아니다. 몸에 느껴지는 불편함 외에 어떤 부담도 없다. 그 아이는 누군가가 반드시 자신을 돌봐줄 것이라는 무의식적 확신 안에 존재한다. 그 확신은 온전한 보호와 책임을 전제로 한다.

조금 더 자란 유아기 아이도 마찬가지다. 세상은 아직 안전하고, 무언가를 선택하거나 책임져야 할 일은 없다. 무엇을 입을지, 어디로 갈지, 무엇을 먹을지조차 대부분 부모나 어른이 정해준다. 그 시기의 우리는 '책임지는 감각'을 모른 채 살아간다. 이 시기의 평온은, 내가 세상으로부터 전적으로 보호받고 있다는 믿음에서 비롯된다.

하지만 나이가 들면서부터는 점점 달라진다. 부모로부터 독립해 생계를 책임지게 될 때, 결혼을 하고 가정을 꾸릴 때, 직장에서 후배를 이끄는 자리에 오르게 될 때, 불안은 단순한 긴장을 넘어서 무게감 있는 감정으로 다가온다. 지금까지는 누군가가 대신 결정해주던 일들을 이제는 내가 책임져야 하게 되면서, 실수에 대한 불안, 결과에 대한 부담, 그리고 책임의 무게가 감정으로 밀려온다.

직장 생활만 봐도 그렇다. 직원일 때는 일이 힘들어도 책임의 무게가 분산되어 있다. 하지만 상사의 위치에 서게 되면 이야기가 달라진다. 내가 하는 결정 하나가 팀 전체의 성과와 사기를 바꿔놓을 수 있다. 이 방향이 맞을까, 내가 이걸 감당할 수 있을까 하는 질문은 끝이 없다. 불안을 느끼지 않는 사람이 강한 것이 아니라, 사실은 아무 책임도 없는 위치에 있을 가능성이 크다.

가장의 역할도 마찬가지다. 혼자일 때는 자신만 챙기면 되지만, 누군가의 부모가 되거나 가족을 책임지는 입장이 되면, 삶의 무게가 달라진다. 아이가 아플까 봐 불안하고, 다음 달 지출이 예산을 넘길까 봐 긴장하게 된다. 갑작스러운 변수에 대응할 준비가 늘 되어 있어야 한다는 압박감이 일상에 깔려 있다. 이는 책임감 있는 삶을 살아가는 사람이라면 누구나 겪는 정직한 긴장감이다.

또한 불안은 예측할 수 없는 상황에서 더 강해진다. 월급이 고정되어 있지 않거나, 부양할 가족이 있거나, 프리랜서처럼 다음 달 일정이 확정되지 않은 상태에서 살아갈수록 우리는 더 자주 심장이 조이고, 밤에 잠을 설친다. 삶이 복잡해질수록 감정은 단순해지지 않는다. 책임이 커질수록 감정은 더 섬세하게 반응한다. 심지어는 작은 결정 앞에서도 과하게 긴장하거나, 별것 아닌 일에 압도당하는 자신을 발견하게 된다. 하지만 그것이 곧 나약함을 뜻하는 것은 아니다.

불안은 책임이 생겼다는 신호이기도 하다. 우리는 내 앞가림만 하면 되었던 시기를 지나, 누군가를 이끌고 돌봐야 하는 시점에 접어들었다. 이때의 불안은 내가 지켜야 할 것이 생겼음을 의미한다. 자신만의 삶을 넘어 타인의 삶에 영향을 주는 자리에 설수록 불안은 날카로워진다. 삶이 점점 내 손으로 짜야 하는 퍼즐이 될수록, 우리는 매 순간 선택과 책임을 오롯이 받아들여야 하기 때문이다.

그 불안은 내가 제대로 살아가고 있다는 증거일 수도 있다. 사람들은 무언가에 진심일수록 불안을 느낀다. 어딘가에 책임을 느끼고, 어떤 결과에 마음을 걸고 있기 때문이다. 만약 아무것도 상관없고, 아무것도 기대하지 않는 사람이라면 불안할 이유조차 없을 것이다. 불안은 내 마음이 아직 포기하지 않았다는 뜻이고, 삶을 더 잘 살아내고 싶다는 의지에서 비롯된다.

불안을 무조건 줄이거나 없애야 할 감정으로만 보면, 그 감정에 깃든 삶의 신호를 놓치게 된다. 중요한 것은 그 불안이 어디에서 비롯되었는지, 나는 지금 어떤 것을 짊어지고 있는지를 인식하는 일이다. 오늘 하루를 견디는 것, 한 사람의 감정을 받아주는 것, 월말 가계부를 넘기며 고정지출을 정리하는 것, 모두가 감당의 이름으로 이루어지는 일들이다.

불안은 내가 잘 살고 있다는 징후일 수도 있다. 그것은 내 삶에 무관심하지 않다는 뜻이고, 내일을 진지하게 고민하고 있다는 증거다. 불안은 나를 무너뜨리는 감정이 아니라, 나를 살피게 하고 다잡게 만드는 힘이다. 중요한 것은 그 감정을 밀어내지 않고, 내 삶의 일부로 받아들이는 태도다. 지금 불안하다면, 당신이 약해서가 아니라 그만큼의 삶을 책임지고 있다는 뜻이다.

02

흔들리는 건 기준이 없어서다

우리가 흔들릴 때, 가장 먼저 점검해봐야 할 것은 감정이 아니라 기준이다. 어떤 선택 앞에서 망설이고, 어떤 상황에서 마음이 출렁일 때, 우리는 종종 감정 조절을 먼저 시도한다. 하지만 흔들림은 감정의 문제라기보다 방향과 기준의 문제일 때가 많다.

삶에는 수많은 선택이 있다. 어디에 살아야 할지, 어떤 일을 해야 할지, 이 관계를 계속 유지할지 아니면 끝내야 할지. 이런 질문들 앞에서 우리는 정답이 없다는 막막함에 자주 부딪힌다. 그런데 그 막막함은 선택지 때문이 아니라, 그 선택을 판단할 기준이 없기 때문인 경우가 많다.

기준이 없다는 건, 외부의 기준을 빌려 쓰고 있다는 뜻일 수도 있다. 다른 사람이 좋다고 하니까, 사회적으로 괜찮은 일이라고 하니까, 지금은 그만두면 안 될 것 같아서. 이런 판단은 결국 스스로의 삶에서 벗어난 결정을 하게 만들고, 그로 인해 마음은 더 흔들린다. 흔들린다는 건 어쩌면 나에게 기준이 없다는 신호일지도 모른다. 중요한 건 그 기준이 정답이냐가 아니라, 내가 납득할 수 있느냐이다. 어떤 선택을 하든, 내가 납득하고 책임질 수 있다면 그 선택은 틀린 것이 아니다. 하지만 기준 없이 움직이면, 작은 충돌에도 마음이 요동치게 된다.

그렇다면 나만의 기준은 어떻게 만들어야 할까? 먼저 삶의 기준은 단 하나가 아니라, 중심과 가지로 나눠 생각할 수 있다. 중심 기준은 내가 어떤 사람으로 살아가고 싶은지, 어떤 가치를 가장 소중하게 여기는지를 담는다. 예를 들어 나는 어떤 상황에서도 정직함을 잃지 않는 사람이고 싶다거나, 사람을 대할 때 예의를 잃지 않는 태도가 중요하다고 느낄 수 있다. 이것은 삶의 큰 뿌리가 된다. 이 중심에서 뻗어나가는 가지들이 상황별 판단 기준이다. 일의 선택, 인간관계의 방식, 소비 습관, 말투, 삶의 속도 등 다양한 지점에서 우리는 기준을 세워나간다. 중심이 분명할수록 가지를 정할 때도 흔들림이 줄어든다. 이때 중요한 건, 큰 기준을 먼저 세우고 나머지를 덧붙여가는 구조를 의식적으로 만들려는 노력이 필요하다는 점이다.

좋은 기준이란, 나를 지키는 동시에 타인과의 관계를 무너뜨리지 않는 것이다. 오로지 나만 옳다고 여기는 고집이나 타인을 배제하는 확신은 기준이라기보다는 아집일 수 있다. 기준이란 판단의 기준일 뿐만 아니라, 살아가는 태도의 중심이어야 한다. 좋은 기준은 단단하되, 타인의 입장과 현실을 고려할 수 있을 만큼 유연해야 한다. 예를 들어, 나는 일의 효율을 중시한다는 기준을 가질 수 있다. 하지만 그 기준이 느린 사람은 무능하다는 판단으로 이어진다면, 그것은 기준이 아닌 잣대가 된다. 기준은 나의 선택을 돕는 도구이지, 타인을 평가하거나 배제하는 근거가 되어서는 안 된다. 건강한 기준은 나에게 명확함을 주고, 타인에게는 예측 가능성과 신뢰를 주는 역할을 한다.

또한 기준은 유연할 수 있어야 한다. 절대 흔들리지 않는 고정된 신념만으로는 변화하는 삶을 감당하기 어렵다. 어떤 상황에서는 내가 중요하게 여기는 가치를 잠시 미루거나 재조정할 필요도 있다. 예컨대 하루 일과가 끝나면 반드시 휴식 시간을 갖는다가 나의 기준이었다 하더라도, 동료나 가족이 예상치 못한 어려움에 처했을 때는 그 기준을 잠시 내려놓고 함께하는 쪽을 선택할 수도 있다. 기준은 내가 지켜야 할 방향이지만, 삶의 모든 순간에 무조건적인 잣대가 되어서는 안 된다. 기준을 세운다는 것은 결국 내 삶의 중심을 세우는 일이다. 중심이 있어야 균형이 잡히고, 균형이 잡혀야 흔들려도 쓰러지지 않는다. 좋은 기준은 나를 더 나은 방향으로 이끌고, 타인과의 관계 안에서도 존중과 배려의 토대를 만든다.

이 책을 읽고 있는 지금, 나는 어떤 중심 기준을 가지고 살아가고 있는지 점검해보자. 지금껏 중요하게 여겨왔던 말과 행동, 갈등 상황에서의 태도, 무언가를 결정할 때 반복해서 작동했던 생각의 흐름을 돌아보면 실마리를 찾을 수 있다. 여전히 모호하다면, 아래 질문들을 스스로에게 던져보자.

- 내가 요즘 자주 쓰는 말 중에서, 듣는 사람이 기분 나빠질 수 있는 말은 무엇일까? 말의 습관 안에 나의 판단 기준과 무의식이 숨어 있다.
- 내가 시간을 가장 많이 쓰는 일은 무엇이고, 거기에는 어떤 가치가 담겨 있을까? 나의 시간 사용은 내가 중요하게 여기는 기준의 반영이다.
- 내가 '절대 저렇게 되지 말아야지'라고 생각했던 사람은 누구였고, 그 이유는 무엇이었는가? 내가 부정하는 방향 속에서 나의 중심 기준이 반사적으로 드러난다.
- 내가 후회했던 결정 중, 다시 선택한다면 무엇을 기준 삼아 다르게 행동할까? 후회의 순간은 기준이 부재했거나 타인의 기준에 휘둘렸던 신호다.

이 질문에 답해보는 과정 자체가 당신만의 기준을 정리하는 출발점이 된다. 기준은 거창한 철학에서 시작되는 것이 아니라, 삶을 대하는 일상의 태도에서 비롯된다. 나만의 기준을 갖되, 타인의 삶에도 귀 기울일 수 있는 유연함을 잊지 말자. 흔들리는 자신을 탓하지 말자. 대신 왜 이렇게 흔들리는지를 차분히 살펴보자. 그 안에는 아직 확실해지지 못한 나의 가치와 판단 기준이 숨어 있을 수 있다. 그걸 알아차리는 순간부터 우리는 더 단단해질 수 있다.

03

내 속도를 인정할 때, 불안은 줄어든다

불안은 때로 비교에서 시작된다. 옆 사람의 성과, 누군가의 선택, 온라인에 떠다니는 삶의 단편들. 우리는 타인의 속도를 나의 기준으로 착각하면서 조급해진다. '나는 왜 아직 이만큼밖에 못 왔지?' 하는 생각은 마치 현재의 나를 뒤처진 사람으로 규정짓게 만든다. 하지만 삶의 모든 속도는 개인 고유의 환경과 출발선, 리듬에서 비롯된다. 나의 속도를 타인의 기준으로 측정하는 순간, 불안은 고개를 든다.

성장에도 시간이 필요하다. 같은 햇빛과 계절, 같은 땅에서 자라더라도 씨앗의 종류에 따라 꽃이 피는 시기는 다르다. 봄에 피는 꽃이 있고, 여름에 피는 꽃이 있고, 가을에 피는 꽃이 있다. 사람도 마찬가지다. 각자에게 어울리는 타이밍과 계절이 있다. 누군가는 서른 즈음에 방향을 찾고, 누군가는 마흔이 넘어서야 비로소 자신에게 맞는 길을 발견한다. 중요한 건 얼마나 빠르게 갔느냐가 아니라, 그 속도가 내 삶과 어울렸느냐는 것이다.

속도를 인정한다는 건, 멈추거나 느려도 괜찮다는 감각을 스스로에게 허락하는 일이다. 때로는 잠시 걷고, 때로는 숨 고르기를 해야만 다시 뛸 수 있다. 그런데도 우리는 늘 앞서 가야 한다는 압박감 속에서 자신을 다그치고, 그 다그침은 피로를 넘어 자기 부정으로 이어진다. 오늘 해야 할 일을 내일로 미루는 것이 아니라, 지금은 감정과 에너지를 보충하는 것이 더 중요하다는 자기 인식이 필요하다.

스스로에게 속도를 허용한다는 건 결국 자기 신뢰의 문제다. '나는 지금 쉬어도 다시 움직일 수 있어'라는 믿음. 이 믿음이 없다면 우리는 멈추는 것이 무너지는 것처럼 느껴진다. 하지만 속도를 늦추는 일은 멈춤이 아니라 준비다. 차를 잠시 갓길에 세운다고 해서 길을 포기한 것이 아니듯, 사람도 그렇게 쉼과 조정의 시간을 거쳐야 더 멀리 간다. 더 나아가, 속도는 단지 진로와 일의 문제가 아니다. 감정 회복에도 속도가 있다. 어떤 사람은 슬픔을 빨리 털고 일어나지만, 어떤 사람은 한참을 머물러야만 다음 걸음을 뗀다. 관계 회복에도, 용기 내는 데에도 속도의 차이는 존재한다. 그 차이를 인정할 수 있을 때 우리는 나 자신뿐 아니라 타인의 속도도 존중할 수 있게 된다.

만약 지금 어떤 일 앞에서 '빨리 결정해야 한다'는 압박을 느끼고 있다면, 그 마음을 잠시 내려놓고 자신에게 물어보자. 이 결정은 정말 지금 해야 하는가? 나의 현재 감정과 체력, 마음의 상태는 어떤가? 속도를 늦추는 것이 손해라고 생각될지 몰라도, 오히려 그것이 장기적으로 더 정확한 선택을 가능하게 한다. 속도를 인정하면, 마음에 공간이 생긴다. 그 공간은 불안을 담는 대신, 관찰과 성찰의 여유로 채워진다. 그러면 우리는 선택을 강요당하지 않고, 선택을 만들어 가는 삶을 살게 된다. 불안은 그 공간을 좁히려 하지만, 우리는 스스로의 속도로 다시 그 공간을 넓혀갈 수 있다.

이 속도에 대한 인식은 특히 관계에서 중요한 작용을 한다. 누구보다 빠르게 사회생활을 해내는 친구, 자녀의 진로가 빠르게 결정되는 이웃, 파트너보다 먼저 치고 나가는 동료 앞에서 우리는 종종 '내가 잘못하고 있는 건 아닐까' 하는 불안에 흔들린다. 하지만 삶은 경주가 아니다. 방향 없이 빠르게 움직이는 것보다, 나에게 맞는 보폭으로 꾸준히 걸어가는 것이 결국 더 멀리 간다.

지금 이 순간, 내 속도는 어떤가? 나는 지금 내가 걷는 이 길 위에서 숨이 턱턱 막히는가, 아니면 적당한 호흡으로 다음 발을 내딛고 있는가. 불안을 줄이는 일은 결국 나의 속도를 인정하는 데서 시작된다. 그리고 그 속도를 인정하는 당신은 이미, 스스로의 삶을 신뢰하고 있다는 증거이기도 하다. 그렇다면, 속도를 인정한다는 것을 우리는 어떻게 일상에서 실천할 수 있을까? 구체적인 방법이 필요하다. 불안에 잠식당할 것 같은 하루 속에서도 '괜찮다'고 자신을 다독일 수 있는 작은 실천이 있다면, 그것이 회복의 실마리가 되어줄 수 있다.

다음은 나의 속도를 인정하기 위한 작고 현실적인 시도들이다.

- 아침에 눈을 떴을 때, 오늘 해야 할 일보다 '지금 내 컨디션'을 먼저 살핀다. 컨디션이 흐리다면 일정에서 한두 개를 줄이거나, 여유 시간을 넣는 결정을 한다.
- 하루에 한 번, 나의 속도를 높이는 말이 아니라, 나의 리듬을 지지하는 말을 스스로에게 건넨다. (오늘은 여기까지 잘했다. 충분히 애썼다.)
- SNS나 주변 사람과의 비교가 불안을 키울 때, 휴대폰을 내려놓고 내가 실제로 집중하고 싶은 일 10분만 해본다. 생각보다 나의 삶은 내가 들여다볼 때 더 선명해진다.
- 한 주에 한 번, '무엇을 더 해야 할까'가 아니라 '무엇을 덜 해도 괜찮을까를 고민해본다. 줄이는 선택은 뒤처짐이 아니라, 자기 회복을 위한 용기다.

이러한 실천은 대단한 목표를 이루기 위한 방법이 아니다. 사실은 불안에 짓눌려 '아무것도 할 수 없는' 바로 그 순간, 단 한 걸음이라도 옮기기 위한 다리를 놓는 일이다. 불안에서 벗어나는 움직임은 반드시 신체적인 움직임일 필요는 없다. 생각의 전환, 감정의 흐름을 인식하는 일, 글을 쓰는 일, 누군가에게 마음을 털어놓는 것도 모두 움직임이다. 움직임은 단지 몸이 아니라 마음과 의지의 흔들림으로도 시작될 수 있다. 중요한 건, 정지된 듯한 순간에도 나만의 방식으로 살아 있다는 감각을 되찾는 일이다. 움직이지 않으면 불안은 막막한 덩어리가 되지만, 손끝 하나라도 움직이기 시작하면 그 불안은 조용히 작아진다. 내 속도를 지키는 일은, 결국 움직이는 나를 끝까지 믿는 일이다.

이 책을 손에 든 지금, 당신은 이미 멈추지 않고 있는 중이다. 한 페이지를 넘기는 이 순간도 당신만의 리듬으로 걷고 있는 증거다. 속도를 인정한다는 건, 결국 '지금'을 받아들이는 일이다. 불안한 마음 한가운데에서도 내 안에 속삭이듯 말해보자. 지금은 잠시 숨 고를 시간이라고. 이 숨이 나를 다시 걷게 할 거라고. 그 말은 위로가 아니라 생존을 위한 호흡이다. 타인의 속도가 아닌, 나만의 호흡으로 살아도 괜찮다는 것. 그리고 그 리듬 안에서 다시 살아볼 수 있다는 것. 그 작은 숨 하나가 다시 시작하는 용기다. 그리고 그 숨은, 당신의 속도를 지켜주는 다정한 호흡이다.

움직이지 않으면 불안은 막막한 덩어리가 되지만, 손끝 하나라도 움직이기 시작하면 그 불안은 조용히 작아진다. 내 속도를 지키는 일은, 결국 움직이는 나를 끝까지 믿는 일이다.

3장

단단한 삶은 작게 시작된다

우리는 흔히 단단한 삶을 성공한 삶, 더 강한 삶이라고 생각한다. 하지만 단단함은 무너지지 않는 완벽함에서 오는 것이 아니다. 무너질 때마다 다시 자신을 붙드는 능력에서 온다.

'세계에서 가장 가난한 대통령'으로 불리며 우루과이 국민들의 깊은 신뢰를 받았던 호세 무히카 전 대통령은 이렇게 말했다. "인생의 성공은 이기는 것이 아니라, 넘어질 때마다 일어나는 것이다." 그는 또한 "삶에는 가격표가 없어. 난 가난하지 않아."라고 말하며, 물질적인 것보다 중요한 가치를 강조했다. 그는 실제로 대통령 관저 대신 허름한 시골 농가에서 살았고, 월급의 90%를 기부하며, 오래된 폭스바겐 비틀을 직접 운전했다. 그의 삶은 단지 말로만 이루어진 것이 아니라, 실천으로 보여준 단단함의 상징이었다.

우리는 자주 더 많은 것을 얻고자 하지만, 진정한 단단함은 소유의 크기가 아닌, 내면에서 나오는 확고한 태도에서 시작된다. 무언가가 부족하거나, 내가 원하는 것을 이루지 못했다고 해서 삶이 흔들리지는 않는다. 중요한 것은 다시 시작할 수 있다는 믿음이다. 어려움이 닥쳤을 때 '지금은 이만큼의 나'로 시작할 수 있다는 확신이 있다면, 아무리 작은 실천이라도 큰 변화를 일으킬 수 있다. 단단한 삶은 그렇게 자란다. 작지만 반복 가능한 실천, 무너졌을 때도 다시 나를 돌보겠다고 마음먹는 그 작고 조용한 다짐에서부터 단단함은 시작된다.

01

하루 10분, 나를 돌보는 연습

단단한 삶을 원하는 사람은 많다. 하지만 단단해지는 방식이 꼭 거창할 필요는 없다. 오히려 단단함은 사소한 실천에서 시작된다. 흔들릴 때마다 다시 중심을 찾게 해주는 건, 엄청난 결심보다 일상 속 작은 습관이다. 하루 10분, 그 시간을 나를 돌보는 데 쓰겠다고 마음먹는 것. 그게 시작이다.

우리는 하루를 타인의 기준, 해야 할 일의 리스트, 사회적 역할에 휘둘리며 보낸다. 그래서 정작 가장 소중한 '나'는 늘 맨 마지막 순서로 밀려난다. 하지만 단단함은, 나를 가장 먼저 챙기는 마음에서 자란다. 10분만이라도 하루의 일정에서 나에게 시간을 내어주는 것. 그것이 자존감의 뿌리가 되고, 감정 회복의 기초가 된다.

하루 10분, 무엇을 해야 할까? 반드시 뭔가를 '해내야' 하는 시간이 아니라, 내 마음과 몸을 잠시 살펴보는 시간이면 된다. 아무 말 없이 음악을 듣는 것, 오늘 좋았던 장면을 써보는 것, 햇빛 아래 눈을 감고 있는 것, 차 한 잔을 천천히 마시는 것. 중요한 건 무엇을 하느냐가 아니라, '나를 위한 시간'이라는 사실 자체다.

하루 10분은 작지만 구조가 있는 연습이어야 한다. 같은 시간이라도 내가 집중하고 있다는 의식이 있을 때, 그 시간은 스스로에게 강한 메시지가 된다. '나는 지금 나를 돌보고 있다'는 자각은 단순한 휴식 이상이다. 이는 '삶을 선택하고 있다'는 감각으로 이어진다. 선택 의식은 곧 회복력이다.

예를 들어, 아침에 일어나면 아무 것도 하지 않더라도 창문을 열고 바람을 느끼는 것부터 시작할 수 있다. 또는 하루의 끝에 짧게 오늘 있었던 감사한 일을 하나만 떠올려 보는 것도 좋다. 글로 쓰지 않아도 괜찮다. 마음속으로 곱씹는 것만으로도 우리의 뇌는 '지금 좋은 것을 바라보고 있다'는 인식을 한다. 이런 인식이 쌓일수록 우리는 무기력이나 번아웃을 덜 느끼게 된다.

때로는 '의미 없이 쉬는 것'에 불안을 느끼는 사람들도 있다. 멍하니 있는 시간이 낭비처럼 느껴져서 쉴 자격조차 스스로에게 허락하지 못한다. 하지만 바로 그 감각이 위험 신호다. 쉼이 죄책감으로 느껴질수록, 우리는 이미 한계를 넘어서고 있는 것이다. 그럴수록 '딱 10분만'이라는 작고 가벼운 단위로 나를 돌보는 시간이 필요하다.

이 10분은 나를 다잡기 위한 '선 긋기'다. 세상의 요구가 아무리 거세도, 이 10분만큼은 내 삶에 대한 권리를 되찾는 시간이다. 처음에는 별것 아닌 것처럼 느껴질 수 있다. 하지만 이 시간이 쌓이면 '나는 나를 돌볼 줄 아는 사람'이라는 자기 신뢰가 생긴다. 작은 연습은 결국 단단한 삶의 리듬이 된다.

단단함은 모든 것을 이겨내는 강인함이 아니라, 무너질 때마다 자신을 다시 붙드는 능력이다. 하루 10분은 그 복원력을 훈련하는 시간이다. '삶에 다시 나를 초대하는 시간'이라고 표현해도 좋겠다. 무너져 있는 나를 그대로 두지 않고, 내 안의 의지와 다정함을 끌어모아 다시 나를 살피게 하는 순간. 그 순간이 반복될수록 삶은 견고해진다.

특히 우울이나 불안으로 하루를 통째로 손에서 놓아버릴 것 같은 날에도, 10분은 여전히 유효하다. 그 시간은 '하루 전체를 잘 살겠다'는 부담이 아니라, '지금 이 순간만 살아보겠다'는 작고 단순한 시도다. 삶이 무너질 듯 흔들리는 날에도, 그 10분이 유일한 중심이 될 수 있다.

그리고 이 연습이 익숙해질수록, 우리는 '회복하는 나'에 대한 믿음을 갖게 된다. 나를 돌보는 능력이 있다는 감각은 삶에 대한 태도를 바꾼다. 더는 자신을 방치하지 않고, 스스로에게 기대할 수 있게 된다. 그것이 곧 단단함이다.

단단한 삶은 위대한 계획이 아니라, 아주 사소한 선택에서 시작된다. 큰 변화를 시도할 용기가 나지 않을 때, 우리가 할 수 있는 일은 하루를 조금 다르게 살아보는 것이다. 10분 일찍 일어나보기, 잠들기 전에 불을 끄고 스스로를 안심시키는 말 한마디 건네기, 오늘 하루를 돌아보며 '나도 괜찮다'고 마음속으로 중얼거려보기. 이런 아주 작고 느린 실천들이 모여 단단한 나를 만들어간다.

하루가 무너지지 않게 붙잡아주는 건, 그 10분일 수 있다. 세상에 휘둘리지 않고 나를 중심에 세우는 힘. 바쁘다는 이유로 자신을 놓치고 있다면, 그 10분이야말로 가장 중요한 시간이 된다. 단단함은 거창한 다짐이 아니라, 작지만 꾸준한 자기 돌봄에서 비롯된다.

당신이 단단해지고 싶다면, 거대한 목표부터 세우지 않아도 된다. 오늘 하루의 10분, 그 시간을 자신에게 내어주기로 약속하는 것. 그것이면 충분하다. 그 10분은 당신의 리듬을 되찾는 연습이고, 내면의 숨을 회복하는 시간이다. 작고 조용하지만, 작고 조용하지만, 그 시간은 당신의 삶을 지켜주는 가장 다정한 루틴이 된다.

02

평온은 루틴에서 만들어진다

불안은 예고 없이 찾아오지만, 평온은 의식적인 반복에서 만들어진다. 감정이 흔들릴 때마다 중심을 회복하는 사람들에겐 공통점이 있다. 하루를 일정한 방식으로 시작하고, 정돈된 흐름 속에서 자신만의 리듬을 만들어간다는 것이다. 그 리듬은 단지 일과표가 아니라 감정을 지탱해주는 생활의 구조이자 마음의 뼈대가 된다.

루틴은 감정을 안정시키고 삶의 방향을 잡아주는 틀이다. 오늘을 어떻게 시작하고 어떻게 마무리할 것인지에 대한 나만의 기준. 그 기준이 있을 때 감정은 덜 흔들리고 삶은 덜 낭비된다. 특히 불안이나 우울은 예측 불가능성이 커질 때 더 민감하게 반응하는데, 루틴은 하루 안에 작은 예측 가능성을 만들어 그 영향을 줄여준다.

하루를 무너뜨리는 건 큰 사건보다 작은 변수들이다. 늦잠, 갑작스러운 연락, 준비되지 않은 약속 같은 사소한 일들이 하루 전체를 흔들 수 있다. 루틴은 그런 변수에 흔들리지 않도록 삶에 기준선을 긋는 장치다. '하루를 잘 살겠다'는 다짐보다 먼저, '하루를 놓치지 않겠다'는 태도에서 시작된다.

예를 들어 아침에 일어나 물 한 컵을 마시는 것, 5분간 몸을 푸는 스트레칭, 자기 전 책 한 페이지를 읽는 루틴은 작지만 강력한 균형점이 된다. 중요한 건 행위의 크기가 아니라, 그 반복이 주는 자기 돌봄의 감각이다. 나는 지금 나를 챙기고 있다는 감각이 자존감을 지탱하고, 불안의 파도에 휩쓸리지 않게 해준다.

나 역시 루틴의 힘을 직접 경험했다. 20년 넘게 자동차를 이용하며 생활해오던 중, 어느 순간 하체에 이상 증세가 나타났다. 운동을 좋아하지 않는 나에게 일부러 시간을 내서 운동을 한다는 것은 현실적으로 지속되지 않았다. 계획은 번번이 흐트러졌고, 실천은 늘 3개월을 넘기지 못했다. 그래서 선택한 방식은 '운동'이 아닌, '생활 속에서 자연스럽게 걷는 구조'를 만드는 것이었다.

결국 나는 내 삶의 두 다리가 되어주던 차를 없앴다. 처음엔 불편함도 있었지만, 대중교통을 이용하면서 출퇴근 시간에 자연스럽게 걷게 되었고, 출장이 잦은 내 업무 특성상 걷는 시간도 점점 늘어났다. 게다가 대중교통은 자동차보다 출근 시간의 예측이 쉬웠고, 정체나 돌발 변수에 따른 스트레스도 줄었다. 지하철 혼잡 시간을 피하기 위해 더 일찍 서둘러 나왔고, 자연스럽게 사무실을 가장 먼저 여는 사람이 되었다.

꼭 필요하지만 지속하기 어려운 실천은, 때로는 강제성을 부여한 일상 루틴으로 전환해야 비로소 가능해진다는 걸 배웠다. 그렇게 '걷기'를 시스템처럼 생활에 넣자 하체 통증은 서서히 사라졌고, 내 몸에 대한 감각도 회복되기 시작했다.

이 변화는 단지 건강에만 영향을 미친 것이 아니었다. 자연스레 앞당겨진 출근 시간은 내 하루 전체의 흐름을 바꾸었다. 나는 일 년 중 대부분의 날, 보통 다른 직원들보다 30여 분 일찍 사무실에 도착해 문을 열고, 창문을 열어 환기시키며 하루를 시작한다. 처음에는 업무의 여유를 확보하고 지하철 혼잡 시간을 피하려는 실용적인 선택이었다. 하지만 고요한 아침의 공기, 아직 아무도 없는 사무실의 정적, 조용히 차를 끓이며 하루를 준비하는 그 시간들은 점점 더 큰 만족으로 다가왔다. 누구보다 먼저 하루를 시작한다는 감각은, 하루 전체를 내가 주도하고 있다는 작은 성취감으로 이어졌다.

그런 여유로운 시작 안에 건강을 챙기는 루틴도 자연스럽게 더해졌다. 걷기, 조용한 출근 시간, 여기에 아침의 건강 루틴까지. 이렇게 하나의 작은 실천에서 시작된 루틴은 점차 확장되며 내 삶을 더 단단하게 만들어주었다. 따뜻한 차 한 잔을 마시는 습관도 그중 하나다. 평소 부족하기 쉬운 섬유질을 보충할 수 있는 차를 고르고, 그 한 잔으로 몸과 마음을 정돈하며 하루의 문을 연다. 내 두 다리로 걸어 도착한 사무실에서 마시는 그 따뜻한 차 한 잔은 작지만 분명한 만족감을 준다. 이 루틴은 내 하루의 질을 분명히 바꿔놓았다. '하루를 시작했다'는 감각과 함께, 나를 잘 돌보고 있다는 뿌듯함이 따라온다.

루틴의 핵심은 자동화가 아니라 의식화다. 무의식적인 반복이 아니라, 내 감정을 살피고 삶의 흐름을 다듬기 위해 의도적으로 만든 구조. 그 안에서 우리는 무너짐보다 회복에 더 가까워진다. 매일 같은 시간 산책을 하며 하루를 돌아보는 사람처럼, 루틴은 감정의 쓰레기를 쌓이지 않게 비워주는 통로가 된다.

감정은 통제의 대상이 아니다. 하지만 감정에 끌려다니지 않기 위해서는 삶 안에 돌아올 수 있는 기준점이 있어야 한다. 일정한 시간에 일어나고, 같은 시간에 식사하며, 잠들기 전 마음을 가라앉히는 작은 습관들이 하루 전체를 평탄하게 만든다. 루틴은 감정의 여백을 만들어주고, 반응이 아닌 선택으로 하루를 채우게 한다.

물론 모든 날이 계획대로 흘러가지는 않는다. 그러나 한 번이라도 정돈된 하루를 살아본 사람은 안다. 삶을 내 손에 쥐고 있다는 그 든든한 감각을. 루틴은 감정을 억누르지 않으면서도, 그 감정에 압도당하지 않도록 도와주는 힘이다. 내 감정이 어디로 흘러가고 있는지를 감지하고, 다시 나를 회복시키는 방향으로 돌려주는 도구다.

감정의 파도는 멈출 수 없다. 하지만 흔들릴 때마다 돌아올 수 있는 기준점 하나쯤은 있어야 한다. 그 기준점이 바로 루틴이다. 평온은 그렇게 만들어진다. 내 감정을 내가 다룰 수 있다는 감각, 삶을 내가 조율하고 있다는 자각에서부터. 루틴은 나를 조종하는 틀이 아니라, 나를 가장 인간답게 회복시키는 삶의 형식이다. 흔들리더라도 다시 돌아올 수 있는 나만의 구조가 있다는 것. 그 사실이 우리를 다시 평온으로 이끈다.

03

작지만 확실한 변화가 삶을 바꾼다

삶을 바꾸는 건 과도한 결심이 아니다. 의외로, '지금 이 자리'에서 당장 할 수 있는 아주 작고 구체적인 변화가 출발점이 된다. 작지만 확실한 변화는 그 크기보다 방향이 중요하다. 움직이는 방향이 달라지면, 결국 도착점도 달라진다.

우리는 자주 결심하고, 자주 실패한다. 너무 멀리 있는 목표를 바라보고 출발하려고 하기 때문이다. 완벽하게 하려고 하다 보니 준비가 오래 걸리고, 시작은 점점 늦춰진다. 헬스장을 끊어야 운동이 시작될 것 같고, 시간을 제대로 내지 않으면 독서가 의미 없을 것처럼 느껴진다. 그러나 실천이란 늘 '제대로' 하지 않으면 안 된다는 강박에서 멀어질 때 시작된다. 큰 결심보다 중요한 건, 작더라도 지금 당장 할 수 있는 단 한 가지를 선택하는 것이다. 그 작은 시작이 무너져 있던 삶의 감각을 회복시킨다.

나에게 그 시작은 '주말 아침 5분'이었다. 평일엔 업무에 몰입하고, 퇴근 후엔 가사일로 움직이다 보면, 주말쯤엔 완전히 에너지가 고갈된 상태가 되곤 했다. 아무런 약속도 없는 토요일 아침이면 침대에서 한참을 뒤척이다, 결국 오후가 되어서야 겨우 몸을 일으키는 날도 많았다.

무언가를 하려고 하기보다는 아무것도 하고 싶지 않은 기분. '쉬어야 하는데'라고 생각하면서도, 이상하게 누워 있는 시간이 길어질수록 몸은 더 무겁게 가라앉았다. 놀랍게도, 휴식은 가만히 있는다고 얻어지는 게 아니었다. 움직이지 않을수록 몸은 점점 더 움직일 수 없게 되었고, 마음도 따라 굳어갔다.

그래서 어느 주말 아침, 그냥 한번 해보자는 마음으로 아주 작은 실천 하나를 정했다. 침대에서 일어나 커튼을 걷고, 창문을 열고, 가만히 하늘을 바라보는 1분. 이어서 두 팔을 들어 기지개를 켜고, 거실까지 천천히 걸어 나오는 4분. 단 5분이었지만, 그 시간만큼은 내 의지로 몸을 움직였다는 사실이 큰 전환점이 되었다.

몸을 움직이면 마음이 깨어난다. 단순히 피로가 풀려서가 아니라, '나는 할 수 있다'는 작고도 강한 믿음이 몸 안에서 일어난다. 그날 이후 나는 매주 주말 아침, 딱 5분만 움직이기로 했다. 특별한 계획도, 대단한 목표도 없었다. 다만 늘어지는 나를 조금 일찍 일으키기 위한 아주 작고 구체적인 약속 하나였다.

변화는 그렇게 시작되었다. 그 주말 이후, 침대에서 일어나 커튼을 걷는 일이 점점 더 쉬워졌다. 스트레칭 시간이 5분에서 10분, 15분으로 자연스럽게 늘어났고, 어느새 차를 끓여 마시는 루틴도 자리 잡았다. 차를 마시며 음악을 듣고, 잠시 일기를 쓰는 시간까지 생겼다.

처음엔 '겨우 이걸로 뭐가 달라지겠어?' 싶었지만, 그 5분이 내 하루의 구조를 바꾸고, 나에 대한 감정을 바꾸었다. 무기력함을 밀어내는 건 거대한 각오가 아니라, 바로 지금 실천 가능한 아주 작은 움직임이었다. '작다'는 건 쉽게 무시되지만, 동시에 가장 쉽게 시작할 수 있다는 장점이 있다. 정리되지 않은 책상 한 귀퉁이를 닦는 일. 집에 돌아와 양말을 벗고 정리하는 10초. 설거지를 끝낸 손에 물기를 닦으며 "잘했어"라고 말하는 1초. 이 모든 작고 확실한 움직임은 나를 덜 비난하게 만들고, 조금씩 내 삶에 애정을 갖게 한다.

변화는 크기보다 빈도에 의존한다. 단 한 번의 극적인 변화보다, 아주 작은 변화가 반복될 때 삶은 진짜로 달라진다. 작은 변화는 실패를 덜 만든다. 목표가 크면 매번 좌절하게 되고, 스스로에 대한 실망도 커진다. 하지만 작은 변화는 부담을 줄이고 실천의 문턱을 낮춘다.

'이 정도는 할 수 있어'라는 감각이 생기고, 그 감각이 지속될수록 자신에 대한 신뢰가 깊어진다.

스스로에 대한 신뢰는 변화를 지속하게 만드는 가장 강력한 힘이다. 또한 작지만 확실한 변화는 나를 '지금'에 머물게 한다. 무엇을 이루어야만 괜찮은 내가 아니라, 지금 여기서 움직이고 있는 나를 바라보게 한다. '오늘은 그래도 창문을 열었다'는 사실 하나만으로도 내 삶은 이전과는 달라질 수 있다.

삶을 바꾸는 작고 확실한 변화는, 실제로 많은 사람들의 삶을 뒤바꾼 사례에서도 확인할 수 있다. 제임스 클리어는 『아주 작은 습관의 힘(Atomic Habits)』에서 "하루 1%의 변화가 1년 뒤 37배의 결과를 만든다"고 말한다. 그는 큰 사고로 운동선수의 길이 막힌 후, 단 2분짜리 운동 루틴부터 다시 시작했다. 작게 시작했기에 무너지지 않았고, 반복했기에 변화가 누적되었다. 결국 그는 삶을 재건했고, 그 경험은 전 세계 수많은 독자에게 실천의 의미를 전하고 있다.

일본의 '카이젠(Kaizen)' 철학도 같은 원리를 따른다. 도요타 자동차는 완벽한 개혁보다 매일의 1mm 개선을 중요시했다. 거대한 시스템을 바꾼 건 과도한 전략이 아니라, 구성원 각자의 '오늘 할 수 있는 가장 작은 변화'였다. 카이젠은 이제 개인의 삶에도 널리 적용된다. 일상의 작고 반복적인 실천이 삶 전체를 변화시킨다는 강력한 메시지를 전한다.

중증 장애를 가진 아들을 위해 함께 마라톤과 철인 3종 경기에 도전한 딕 호이트 부자의 실화도 있다. 아버지 딕 호이트는 아들 릭이 휠체어를 탄 채로도 함께 운동할 수 있도록, 처음엔 산책부터 시작했다. 매일의 작고 단단한 실천은 수많은 마라톤 완주로 이어졌고, 이들의 이야기는 전 세계에 감동을 주었다. "그저 매일, 그날 할 수 있는 만큼만 했다"는 아버지의 말처럼, 삶을 바꾸는 힘은 막연한 계획이 아니라 작고 구체적인 움직임에 있다.

변화란, 결국 '살고 있다'는 감각을 되찾는 일이다. 의욕 없는 하루 속에서도 "나는 내 삶을 조금은 돌보고 있다"는 그 작고 든든한 자각. 그것이 삶 전체를 지탱해주는 기둥이 된다.

지금 당신에게도, 그런 변화가 필요하다면 너무 멀리 보지 않아도 된다. 무엇을 이룰지보다, 지금 무엇을 할 수 있을지를 떠올려보자. 과도한 계획보다, 이 글을 읽고 나서 1분 안에 할 수 있는 작고 구체적인 행동 하나. 물 한 잔 마시기, 앉은 자리에서 숨을 고르기, 핸드폰을 내려두고 잠시 눈 감기. 그 작고도 확실한 움직임이 당신의 삶을 바꾸는 출발점이 될 수 있다. 크지 않아서 계속할 수 있고, 계속할 수 있으니 바뀌게 되는 것. 삶은 그렇게, 아주 작고도 확실한 변화에서 달라지기 시작한다.

4장

위태로운 삶을 지나온 사람들

회복은 종종 자신도 알아차리지 못하는 순간에 시작된다. 누군가는 아주 사소한 일상의 반복 속에서, 누군가는 설명하기 어려운 감정의 물결을 지나며 그 시작을 맞는다. 세상에 내놓을 만한 극적인 반전도, 박수를 받을 만한 성취도 없지만, 어떤 사람들은 삶의 끝자락에서 다시 걷기 시작한다. 이 장은 그런 사람들의 이야기다.

누군가는 실패했다고 생각했던 삶을 다시 붙들었고, 누군가는 말없이 무너졌다가 아무도 모르게 일어섰다. 거대한 희망보다 작고 느린 복원을 선택한 사람들. 그들의 회복은 남들보다 빨랐던 것이 아니라, 멈추지 않았다는 데에 의미가 있다.

이야기 속 인물들은 '성공'이 아니라 '완주'를 말한다. 무언가를 이루었다기보다, 포기하지 않고 계속 살아냈다는 사실이 더 중요하다고 말한다. 그리고 그 고백은, 우리 각자에게도 삶을 다르게 바라보게 만든다. '성공'은 곧 목표를 이룬다는 의미만으로 한정되지 않는다. 때로는 그저 살아남는 것, 다시 일어나는 것, 그 자체가 중요한 목표가 된다.

이 장을 통해 우리는 알게 된다. 삶은 반드시 반짝여야만 의미 있는 것이 아니고, 회복은 반드시 보상받아야만 가치 있는 것도 아니다. 어떤 사람은 그렇게 조용히 단단해졌고, 오늘도 묵묵히 자기 삶을 살아내고 있다. 그들의 이야기는 우리에게 "성공"이라는 기준이 아닌, 살아남고 계속해서 나아가는 것의 의미를 새롭게 상기시킨다. 회복의 길은 각기 다르고, 그 속도와 모습도 모두 다르지만, 중요한 건 그 길을 포기하지 않고 걸어갔다는 것이다. 이 이야기들은, 우리가 각자의 길을 걸으며 불확실성 속에서도 스스로를 믿고 계속 나아갈 수 있는 용기를 주는 이야기가 될 것이다.

01

실패한 줄 알았던 삶에서 다시 걷기까지

어떤 시기는 그 자체로 실패처럼 느껴진다. 무너진 관계, 놓쳐버린 기회, 한동안 멈춰버린 삶의 흐름. 그런 날들이 쌓이다 보면, 사람은 스스로를 '망가진 사람'이라 부르게 된다. 다시 시작할 수 있다는 말은 듣기만 해도 지치고, 무엇을 바꿔야 할지조차 알 수 없는 순간들이 이어진다. 이 글은 그처럼 삶이 끝난 것만 같았던 한 사람의 이야기에서 시작된다.

그는 오랫동안 무기력과 우울을 반복하며 스스로를 손에서 놓아버렸다. “나 같은 사람은 안 될 거야”라는 말이 입버릇처럼 붙었고, 작은 시도조차 스스로 꺾어버리곤 했다. 하지만 어느 날, 버릇처럼 켜둔 TV 대신 조용한 음악을 틀어본 것이 시작이었다. 아무 생각 없이 음악을 들으며 앉아 있다가, 문득 커튼을 걷고 햇살을 마주한 순간이 있었다. 그는 나중에 이렇게 회상했다. “그날 아침, 내 마음이 아주 조금 덜 무거웠다.”

회복은 그렇게 시작되었다. 누구에게도 말하지 않은 상태에서, 겉으로는 아무 변화도 없어 보이던 시간 속에서, 그는 아주 조금씩 다시 움직이기 시작했다. 눈에 띄는 변화는 아니었지만, 다시 밥을 차리고, 조금 일찍 일어나고, 집 안의 먼지를 닦아내는 작은 실천들이 이어졌다. 그 움직임은 그의 내면에도 닿아 있었다. 자책보다는 질문이 늘었고, 체념보다는 “해 볼까?”라는 말이 입안에 맴돌기 시작했다.

그는 여전히 완벽한 삶과는 거리가 멀다. 일은 아직 안정되지 않았고, 때때로 우울감은 다시 찾아온다. 하지만 그는 더 이상 자신을 실패한 사람이라 부르지 않는다. 넘어졌던 시기를 포함해, 그 삶 전체를 자신의 일부로 받아들이기 시작했기 때문이다. 지금 그에게 중요한 것은 얼마나 멀리 가느냐보다, 다시 걷고 있다는 사실 그 자체이다.

실제로 실패처럼 보였던 시간을 통과해 다시 삶을 일으킨 사람들의 이야기는 많다. 『해리 포터』의 작가 J. K. 롤링은 한때 생활보조금에 의존하며 극심한 우울 속에 살고 있었다. 당시 그녀는 어린 딸을 키우며 생계를 유지하기조차 버거운 상황이었지만, 매일 유모차를 끌

고 거리로 나가 딸을 재운 뒤, 근처 카페에 앉아 몇 줄씩 글을 쓰는 루틴을 만들었다. 커피 한 잔 값으로 몇 시간을 머물며 원고를 써 내려가는 그 조용한 시간이, 그녀가 삶을 다시 정돈할 수 있는 유일한 통로였다. 그렇게 쓴 원고는 여러 출판사에서 거절당했지만, 결국 세상에 나왔고, 그 이야기로 인해 전 세계 수많은 독자가 위로를 받게 되었다. 그녀는 나중에 이렇게 말했다. "내 인생의 실패들이 내 바닥을 만들었고, 그 바닥이 나를 다시 일으켜 세웠다."

오프라 윈프리 또한 어린 시절 학대와 가난, 10대의 임신과 유산이라는 깊은 상처를 안고 자랐다. 방송국에서는 '앵커에 어울리지 않는다'는 이유로 해고되기도 했다. 하지만 그는 그 경험들을 숨기지 않고 이야기하기 시작했고, 오히려 그 진실한 말들이 수많은 사람의 상처를 어루만지게 되었다. 그는 방송이 끝난 후에도 매일 일기를 쓰고, 감사한 일을 하루 한 가지씩 떠올리는 작은 루틴을 실천하며 삶의 중심을 지켜냈다. 감정을 꺼내어 단어로 정리하는 그 짧은 습관이 무너진 자존감을 다시 세우는 버팀목이 되었다.

넬슨 만델라는 남아프리카공화국의 코사족 출신 정치운동가로, 인종차별 정책인 아파르트헤이트에 저항한 죄로 27년간 수감되었다. 자유와 젊음을 잃었지만, 그는 복수나 분노 대신 화해와 용서를 선택했다. 그는 수감 중에도 매일 같은 시간에 몸을 움직이며 운동하고, 셀 안에서 자필 노트를 정리하는 루틴을 지켰다. 하루를 질서 있게 보내는 그 규칙이 마음의 붕괴를 막아주었다고 한다. 감옥에서 나온 뒤 그는 남아공 최초의 흑인 대통령이 되었고, 분열된 사회를 통합으로 이끌었다. 그의 삶은 회복이란 과거를 지우는 것이 아니라, 과거를 껴안은 채 앞으로 나아가는 선택임을 보여준다.

이야기들은 우리에게 한 가지 중요한 사실을 일깨워준다. 삶은 때로 실패처럼 느껴지는 시기를 통과해야 다음 장으로 넘어갈 수 있다. 회복은 그 시기를 지워버리는 것이 아니라, 오히려 그 시간까지 품은 채 다시 일어서는 과정이다. 실패는 완전한 끝이 아니라, 다시 걷기 위한 잠시의 멈춤일 수 있다.

02

조금씩 다시 살아낸 사람들

모든 변화가 극적인 순간에서 시작되는 것은 아니다. 어떤 날은 그저 평소와 다르지 않은 하루였고, 스스로도 이유를 설명할 수 없는 채로 조금 다른 선택을 해본 날이었을 뿐이다. 하지만 그들은 조금씩 다시 살아냈다. 아주 작고 느린 실천으로, 다시 삶의 감각을 되찾아 갔다. 이들의 회복은 눈에 띄지 않았고, 때로는 설명하기 어려웠다. 그러나 그 조용한 회복의 힘은, 삶을 떠나고 싶었던 마음을 다시 삶 쪽으로 기울게 했다.

30대 중반의 직장인 이모 씨는 한때 모든 걸 정리하고 떠나고 싶다고 생각했다. 인간관계에 지쳤고, 반복되는 일상이 무의미하게 느껴졌다. 자기 자신에게조차 마음이 닫혀 있었다. 그런데 이상하게도, 하루 10분, 물을 주며 식물 앞에 서 있는 시간이 마음을 붙잡아주었다. 말도 하지 않는 화분 하나가, 하루 중 유일하게 자신을 기다려주는 존재처럼 느껴졌다. 그는 작은 루틴을 만들어보기로 했다. 매일 아침, 잠에서 깨면 식물에게 인사를 건넸고, 퇴근 후에는 오늘의 표정을 확인하듯 식물의 잎을 살폈다.

그날 이후 그는 하루 한 가지, '오늘의 나를 돌보는 일'을 정해서 실천해보기로 했다. 식물에게 말을 걸고, 엘리베이터 대신 계단을 오르고, 혼자 먹는 밥일지라도 가장 예쁜 그릇에 정성스럽게 담아내는 일. 처음에는 어색했지만, 점차 이 루틴이 하루를 지탱하는 질서가 되어갔다. 누군가에겐 사소해 보였겠지만, 그에게는 '자신을 존중하는 방식'이었다. 무너졌던 마음이 아주 조금씩 결을 되찾았고, 그의 일상은 다시 사람을 만날 수 있는 여백을 품기 시작했다.

또 다른 사례인 40대 초반 김모 씨는 감정을 잘 드러내지 않는 사람이었다. 늘 괜찮은 척, 아무 일 없는 척 하며 하루를 버텼다. 감정은 불편한 것이고, 도움을 청하는 일은 약한 사람의 몫이라 여겨왔다. 그러다 어느 날 문득, 퇴근길 지하철에서 내려 한 정거장을 걷기로 했다. 그 짧은 거리에서 그는 처음으로 자신의 숨소리에 귀를 기울였고, 발걸음에 감정을 실어보는 경험을 했다. 그날 이후, 그는 집까지 조금 돌아 걷는 루틴을 만들었다.

그는 걸으며 하루의 감정을 정리했고, 걷는 동안만큼은 자신에게 솔직해졌다. 어느 날은 이어폰 없이 새소리를 들었고, 어느 날은 벤치에 앉아 가방에서 메모지를 꺼내 단어를 적었다. '그냥 그렇다', '오늘은 나쁘지 않았다', '조금 불안하지만 지나갈 것이다'. 그 단어들은 작고 무해한 고백처럼 그의 일상에 스며들었다. 말하지 않아도, 그는 매일 살아내고 있었다.

이들의 회복은 빠르지 않았다. 소리 없이 반복되었고, 때로는 후퇴도 있었다. 하지만 멈추지 않았다는 점에서, 그들은 분명 다시 살아낸 사람들이었다. 누구도 몰랐지만, 스스로는 알고 있었던 변화. 그렇게 삶은 다시 천천히, 그리고 분명하게 움직이기 시작했다.

작고 반복되는 실천은 누구에게나 회복의 시작이 될 수 있다. 매리언 존스도 그러했다. 그는 2000년 시드니 올림픽에서 3개의 금메달과 2개의 동메달을 따내며 주목받았고, 당시 여자 100미터 10.65초 기록으로 세계에서 가장 빠른 여성 중 한 명으로 불렸다. 그러나 2007년, 스스로 약물 복용 사실을 시인하고 거짓 증언 혐의로 6개월간 복역하게 되며 선수로서의 명성과 커리어는 무너졌다. 특히 수감 중 49일간 독

방에 머물면서 그는 자신이 저지른 선택이 자녀들과 가족에게 어떤 상처를 남겼는지를 깊이 돌아보게 되었다.

출소 후, 존스는 대학 시절 경험을 바탕으로 농구 선수로 복귀했고, WNBA에서 두 시즌을 뛰었다. 비록 기록은 평범했지만, 매일 운동장을 찾고 몸을 움직이는 그 일상의 회복이 그를 다시 사회 속 리듬으로 이끌었다. 이후 그는 청소년 스포츠 캠프와 연설 활동에 참여하며, 실패의 경험을 감추기보다 꺼내어 공유하는 삶을 선택했다. “실패는 끝이 아니라 다른 시작이다”라는 그의 메시지는, 매일 한 걸음씩 회복을 향해 나아가는 모든 이에게 깊은 울림을 준다.

또 다른 인물은 『변화의 시작 5AM 클럽』으로 알려진 작가 로빈 샤르마다. 그는 캐나다 출신의 변호사로, 젊은 시절부터 촉망받는 법조인으로 활동했다. 하지만 법률 사무소를 운영하던 시절, 과도한 업무와 개인적 스트레스로 인해 극심한 번아웃을 겪게 된다. 그 시기 그는 건강이 무너지고 인간관계도 틀어지며, 자신이 쌓아온 삶의 기반이 흔들리는 경험을 했다. 외적으로는 성공한 듯 보였지만, 내적으로는 공허함과 방향 상실로 괴로워하던 그는 결국 법조계를 떠나기로 결심한다.

그는 이 상태를 회복하기 위해 자신만의 일상 루틴을 만들기 시작했고, 매일 새벽 5시에 일어나 '20분 운동, 20분 일기 쓰기, 20분 책 읽기'라는 시간을 구성했다. 이 단순하지만 반복적인 루틴은 정신적 회복뿐 아니라 창조성과 자기 확신을 회복하는 기반이 되었다. 하루의 시작을 지배하면 삶 전체가 바뀐다는 메시지는 그가 직접 체험한 것이었다.

이후 그는 자기계발 작가이자 리더십 코치로 전향해, 삶의 균형을 잃은 이들에게 실질적인 변화를 제안하는 메시지를 전하고 있다. 『변화의 시작 5AM 클럽』은 그의 실제 루틴 경험을 이야기 형식으로 풀어낸 책으로, 전 세계적으로 큰 반향을 일으켰다. 그는 이렇게 말했다. "당신의 아침을 지배하면 인생이 달라진다." 단 한 시간의 집중된 실천이, 무너졌던 일상을 회복하는 버팀목이 된 셈이다.

회복은 반드시 새롭고 특별한 것이어야만 하는 건 아니다. 작고 반복 가능한 일상이 누군가에게는 생존의 루틴이 되고, 그 루틴이 마음을 살리는 기둥이 된다. 다시 살아내기 위해 필요한 것은 의외로 많지 않다. 누군가는 식물에게 말을 걸고, 누군가는 걷고, 누군가는 글을 쓴다. 그저 삶을 포기하지 않는 작은 실천. 그것이면 충분하다.

03

삶은 완주하는 것이지, 꼭 성공만이 아니다

무언가를 끝까지 해냈다고 말할 수 있는 순간은, 반드시 누군가의 박수 속에서 찾아오지 않는다. 어떤 사람은 끝까지 버틴 것만으로도, 멈추지 않고 하루를 살아낸 것만으로도 스스로를 다독인다. 눈에 띄는 성과가 없다고 해서 그 시간이 의미 없었던 건 아니다. 실패처럼 느껴졌던 날들, 아무것도 이루지 못한 것만 같았던 시간도 결국은 삶의 일부였다. 그리고 그 시간을 견디고 살아낸 것만으로도, 우리는 이미 어떤 경주를 완주한 셈일지도 모른다.

한국 최초의 여성 영화감독 박남옥(1923~2017)은 1954년, 아이를 낳은 지 사흘 만에 영화 제작에 나섰다. 아이를 등에 업은 채 현장을 누비며 만든 영화는 〈미망인〉 단 한 편뿐이었다. 그는 배우 섭외부터 제작비 마련, 스태프 식사 준비까지 모두 도맡으며 반년 가까이 고군분투했다. 전쟁 직후의 열악한 환경, 여성 감독이라는 이유로 받는 업계의 냉대, 그리고 끝없이 밀려오는 자금 부족까지 모든 것이 벽이었다. 〈미망인〉은 서울 개봉 후 단 3일 만에 상영이 중단됐고, 그 후로도 영화계로 돌아가기 위한 시도는 번번이 좌절되었다. 하지만 박남옥은 누구보다 뜨겁게 자신의 전부를 쏟아부은 단 한 편으로 이미 영화 인생을 완주했다. 그가 남긴 건 작품의 수가 아니라, 끝까지 시도한 삶의 기록이었다.

이발사 박기택(1941년생) 할아버지는 50년 넘게 무료 이발 봉사를 이어오고 있다. 젊은 시절, 중풍으로 쓰러진 친구의 형에게 '뭘 해줄 수 있을까' 고민하던 끝에 그는 가위를 들었다. '그럼 머리라도 깎아 드리자.' 그날 이후 자전거에 이발 도구함을 싣고 거동이 불편한 어르신들을 찾아다녔고, 지금도 매달 첫째 · 마지막 주 일요일마다 양로원과 요양원을 돌며 수십 명의 머리를 손질한다. 아침을 거르고 하루 종일 서 있어도 힘들지 않다고 그는 말한다. "돈 많이 모아서 뭐한대유. 보람 있게 살다 가면 그만이쥬." 이 말에는 삶의 무게를 가벼이 이겨낸 한 사람의 철학이 담겨 있다. 그의 완주는 누구에게 보여주기 위한 마라톤이 아니라, 자신이 할 수 있는 일로 누군가에게 도움이 되었다는 하루하루의 실천이었다.

1968년 멕시코 올림픽에서 탄자니아 마라톤 선수 존 스티븐 아쿠와리는 경기 도중 넘어져 무릎이 찢어지고 어깨가 탈구되는 부상을 입었다. 대부분이라면 기권했을 상황. 하지만 그는 절뚝이며 끝까지 결승선을 향해 걸었다. 이미 우승자는 들어왔고, 관중의 대부분은 경기장을 떠난 뒤였다. 그러나 그가 마지막으로 들어설 때, 남아 있던 이들은 자리에서 일어나 박수를 보냈다. 그는 말했다. "내 조국은 나를 출발선에 세우기 위해 보낸 것이 아니라, 결승선까지 가라고 보냈다." 그의 완주는 기록이 아니라 태도였다. 가장 느렸지만 가장 오래 남은 완주였다.

비비안 마이어(1926~2009)는 평생을 보모로 일하며 생계를 유지했다. 남몰래 카메라를 들고 거리로 나가, 세상의 뒷모습을 사진으로 남

겼다. 수만 장의 필름은 상자 속에 인화되지 않은 채 쌓여 있었고, 그의 작품은 생전에 단 한 번도 공개되지 않았다. 사후에야 경매로 넘어간 유품 속 필름이 발견되었고, 사람들은 놀라움을 감추지 못했다. 거리의 삶을 섬세하게 담은 그의 사진은 전 세계를 돌며 전시되었고, 그는 뒤늦게 '20세기 최고의 거리 사진가 중 한 명'으로 불리게 되었다. 마이어는 조명도, 명성도 바라지 않았다. 그는 자신의 감각을 끝까지 믿고 밀고 나간 사람이었다. 그의 완주는 단 한 번도 박수를 받지 않았지만, 누구보다 단단하고 묵직한 삶이었다.

한 초등학교 교사는 20년 넘게 같은 자리를 지켜왔다. 탁월한 수업으로 상을 받은 적도, 유명한 제자를 배출한 적도 없었다. 교무실 구석, 말수가 적은 그는 늘 먼저 준비물을 챙기고, 쉬는 시간이면 조용히 교실을 한 바퀴 돌았다. 아이들에게 "괜찮아, 다시 해보자"고 말하는 것이 그의 방식이었다. 그 말 한마디는 아무런 변화도 만들지 않은 것처럼 보였지만, 그 시간들은 누군가의 마음에 오래 남았을 것이다. "나는 교사로 크게 성공한 건 없어요. 그래도 맡은 반 아이들한테는 하루도 빠짐없이 교사였어요. 그걸로 충분해요." 그 짧은 말에, 스무 해가 넘는 시간이 스며 있었다.

직장인 김모 씨는 오랜 시간 비정규직으로 일했다. 빠르지도 않았고, 눈에 띄는 성과를 내지 못했다. 그래도 그는 남보다 조금 일찍 출근했고, 맡은 일을 끝까지 해냈다. 늘 같은 자리에서 조용히 자기 몫을 다한 사람이었다. "아무도 눈치채지 못해도, 자리를 지키는 사람, 그게 나예요." 그 말에는 스스로를 다독이며 버텨온 인내의 시간을 고스란히 느낄 수 있었다.

거창한 성공이 없어도 괜찮다. 누군가는 길을 길게 돌아왔고, 누군가는 그 자리에 남아 있었다. 중요한 건 다시 일어서보려는 마음, 그리고 멈추지 않겠다는 태도다. 삶을 완주하는 일은 늘 드라마틱하지 않다. 하지만 그 완주의 한 걸음, 한 걸음이 우리를 살아 있게 한다. 지금 이 순간에도, 누군가는 그렇게 묵묵히 걸음을 이어가고 있다.

5장

내 삶을 지키는 마지막 기술

누구도 삶을 완벽하게 살아내지 못한다. 계획대로 흘러가지 않는 하루, 예기치 않게 꼬여버린 관계, 설명하기 어려운 감정의 흔들림 앞에서 우리는 종종 무력해진다. 그런 날들이 반복되다 보면, 삶은 감당해야 할 무게처럼 느껴지고, 일상은 나를 놓치지 않기 위한 버팀이 되어버린다. 하지만 우리가 살아가는 매 순간, 삶은 그 자체로 완벽하지 않다는 것을 인식해야 한다. 완벽하지 않기 때문에, 매일을 살아가는 것이 의미 있다.

하지만 삶을 지켜낸다는 것은 특별한 능력을 의미하지 않는다. 그것은 하루를 무사히 마치려 애쓰는 태도, 나 자신을 몰아붙이지 않으려는 선택, 관계의 거리를 다시 조절하려는 의지에서 시작된다. 우리가 중요한 것은 얼마나 잘 사느냐가 아니라, '지금, 이 순간을 살아내는' 태도에 있다. 때로는 스스로에게 그럴 수도 있다고 말하며 마음을 내려놓는 순간에서부터 시작된다.

이 장에서는 그렇게 삶을 이어가려는 작고 단단한 기술에 대해 이야기하고자 한다. 단단한 삶은 철저한 자기관리로 완성되는 것이 아니다. 버틸 수 있도록 나를 덜어내고, 감당 가능한 무게만큼 걸어가려는 태도 속에서 만들어진다.

늦게 피어도 괜찮고, 관계를 덜어내도 괜찮으며, 모든 것을 잘 해내지 못해도 괜찮다. 우리는 지금 이 순간에도 각자의 방식으로 오늘을 견디고 있다. 그 자체가 중요한 것이며, 그 자체로 이미 충분히 강하다. 우리는 완벽한 사람을 목표로 살지 않기 때문에 오늘 하루, 또 다른 순간을 살아낼 수 있는 힘을 가지고 있다.

이 마지막 장이 독자에게 깊은 위로가 되기를 바라며, 삶을 계속 이어갈 수 있도록 작은 용기를 건네주기를 희망한다. 삶은 끊임없이 불안하고 어려운 일들을 마주하지만, 그 과정에서 자기 자신을 지키는 법을 배우는 것이 가장 중요한 일이다.

01

늦게 피어도 괜찮은 마음의 봄

누군가는 이른 시기에 스스로를 다잡고, 삶의 방향을 또렷하게 정한다. 또 다른 누군가는 오랜 시간을 방황하거나, 마음의 문을 열지 못한 채 제자리를 맴돈다. 하지만 삶은 정해진 시기에 무언가를 이뤄야 한다고 말하지 않는다. 오히려 충분히 늦어도 괜찮다고, 지금이라도 다시 피어나면 된다고 조용히 일러준다.

많은 사람이 인생의 특정 시기를 놓쳤다는 이유로 자신을 책망한다. 어릴 적 꿈을 접었던 기억, 진로를 바꾸지 못한 채 흘려보낸 시간,

소중한 관계를 제대로 붙잡지 못하고 놓쳐버린 순간들이 마음속에 쌓인다. 그 기억들은 삶을 무겁게 만들고, 늦은 출발이라는 말이 주는 초조함은 계속해서 자신을 몰아붙인다. 남들은 이미 멀리 가 있는 것 같은데, 나만 아직 여기 있는 듯한 마음은 스스로를 낙오자처럼 느끼게 한다.

하지만 정말 그럴까. 우리가 너무 늦었다고 여기는 그 시점은, 누군가에게는 아주 이른 시작일지도 모른다. 어떤 시작은 시간이 필요하다. 마음이 정리되기까지, 아픔이 가라앉기까지, 자신을 믿을 수 있을 때까지 우리는 기다려야 한다. 지금 움직이지 못하고 있다는 사실이 게으름이 아니라 준비 중인 마음일 수도 있다.

서른에 진로를 바꾼 사람, 마흔에 처음 여행을 떠난 사람, 쉰을 넘어서야 자신의 감정을 처음 꺼내놓은 사람도 있다. 한참을 돌아와서야 자신에게 맞는 길을 찾은 사람들의 공통점은 늦게 시작했다는 것이 아니라, 끝내 멈추지 않았다는 데 있다.

우리는 종종 출발점의 시점으로 삶을 판단하지만, 진짜 중요한 것은 내가 다시 걷기 시작했는가 하는 질문이다. 세상은 타인의 속도를 기준 삼아 우리를 재촉한다. 같은 또래, 같은 직장, 같은 환경 속에서 비교는 자연스럽게 시작되고, 점점 더 마음은 조급해진다. 그러나 삶은 늘 정시에 도착하지 않는다. 중간에 쉬기도 하고, 방향을 바꾸기도 하며, 전혀 예상하지 못한 흐름으로 흘러가기도 한다.

자연은 다르다. 5월에 피는 장미는 3월에 핀 산수유를 보며 조급해하지 않는다. 바람이 따뜻해질 때 피어나고, 자기만의 시기에 맞춰 꽃을 맺는다. 동물들도 서로의 모습이나 능력을 비교하지 않는다. 어떤 새는 멀리 날고, 어떤 새는 짧게 뛴다. 누구도 더 빠르다고 우쭐해하지 않고, 더 느리다고 스스로를 의심하지 않는다. 그들은 자기 몸에 맞는 방식으로, 자연이 허락한 삶을 살아낸다. 삶은 그렇게 '내가 나로 살아내는 것'에서 시작된다. 무엇보다 중요한 것은 지금 내가 어디쯤 있는가가 아니라, 나를 포기하지 않고 여전히 나로 살아가려는 마음이다.

늦게 피는 마음은 조용하고, 작고, 느리다. 하지만 그 안에는 긴 기다림이 있다. 그 마음은 버텨낸 시간, 눌러온 감정, 꾹 참고 흘려보낸 말들 위에서 자란다. 눈에 띄지 않더라도, 이미 마음은 안에서 자라고 있었는지도 모른다. 자신도 모르는 사이에 우리는 조금씩 달라지고 있다. 과거라면 움츠러들었을 상황에서 한마디 말을 꺼낼 수 있게 되었고, 과거에는 전부였던 관계를 이제는 한 걸음 떨어져 바라볼 수 있게 되었다. 겉으로 드러나지 않아도, 우리는 그 사이 아주 많이 자라온 것이다.

늦게 피어난 마음은 봄꽃처럼 화려하지는 않아도 오래 간다. 그 마음은 지나온 계절을 품고 있고, 흩날리는 대신 더 깊이 뿌리를 내린다. 누군가가 일찍 피었다고 해서 나의 피어남이 덜 의미 있는 것은 아니다. 내가 나를 포기하지 않고 다시 일어섰다면, 그 자체로 충분하다.

그런 마음으로 다시 시작한 사람들이 있다. 미국의 민속화가 모지스 할머니는 70세가 넘어서 처음 붓을 들었다. 농사를 짓던 그는 관절염으로 자수를 그만두고, 대신 물감과 붓으로 일상의 풍경을 그리기 시작했다. 그림을 배운 적도, 누군가에게 보이기 위해 시작한 것도 아니었다. 하지만 그 늦은 시작은 결국 세계적인 화가로 이어졌고, 사람들은 그녀의 작품을 통해 소박한 삶의 아름다움을 발견했다. 그녀는 말했다. 늦었다고 느낄 때가 오히려 다시 시작하기에 가장 적절한 순간일지도 모른다고.

우리 문단을 대표하는 작가 박완서도 마흔이 넘어서야 글을 쓰기 시작했다. 전업주부로 살아오던 그는 남편의 갑작스러운 죽음을 겪은 뒤, 처음으로 자기 내면의 이야기를 꺼내기 시작했다. 그의 첫 소설은 43세에 발표되었고, 데뷔작임에도 불구하고 문단과 독자에게 깊은 인상을 남겼다. 그 뒤로 그는 오랫동안 사람들의 마음을 꿰뚫는 문장을 써내려갔다. 늦게 열린 문이었지만, 누구보다 단단한 언어로 자신만의 문학을 완성해 나갔다.

화가 김점선 역시 40대 중반이 되어서야 본격적으로 그림을 그리기 시작했다. 그림을 전공했지만 오랜 시간 그림과 거리를 두고 살다가, 어느 날 다시 스케치북을 펼쳤다. 그림 실력보다는 '지금의 나'를 담고자 했던 그 표현은 오히려 더 많은 사람의 마음을 움직였다. 그는 "내가 살아 있는 동안, 나를 다시 그려보자"고 말하듯 늦게 피어난 예술을 꺼내 보였다. 화려하진 않았지만, 거짓 없는 그림은 그 자체로 한 사람의 마음을 통째로 보여주고 있었다. 이들은 모두 늦게 피어났지만, 결국 자기만의 계절에 도달한 사람들이다. 중요한 건 얼마나 빨리 시작했느냐가 아니라, 끝내 나를 다시 일으켜 세웠느냐는 질문이다.

어떤 사람은 오십이 넘어 새로운 길을 찾고, 어떤 사람은 상실 이후에야 자신을 돌보는 법을 배운다. 그 시기가 너무 늦은 것이 아니라, 이제야 내 속도에 맞는 시간에 도착한 것일지도 모른다. 그리고 바로 지금 이 순간, 늦게라도 다시 피어나고 싶은 마음이 있다면, 그 마음을 믿고 따라가도 괜찮다. 다시 시작할 용기는 작게 피어난 마음 하나에서부터 자란다. 작게 움튼 마음 하나가 결국 계절을 바꾼다.

02

관계를 덜어내고, 나를 채우는 용기

살면서 우리는 수많은 사람과 얽힌다. 친밀하든 아니든, 관계는 우리 삶의 구조를 이루는 요소가 된다. 때로는 그 관계가 삶을 지탱해주는 든든한 기둥이 되기도 하지만, 어느 순간부터는 오히려 마음의 무게로 작용할 때도 있다. 관계를 맺는 일은 자연스럽지만, 유지하는 일은 결코 가볍지 않다. 매일 쌓이는 메시지에 답을 해야 하고, 기분이 상하지 않도록 말끝을 조심해야 하며, 상대의 기대를 헤아리느라 자기 감정은 자꾸만 미뤄진다. 그러다 보면 관계 속의 '나'보다 관계를 유지하는 '역할'이 앞서게 된다.

가장 가까운 사이에서도 그런 일이 반복된다. 친한 친구에게 늘 먼저 연락을 해야 할 것 같은 압박, 가족이라는 이유로 모든 이해와 배려를 감당해야 한다는 무언의 책임, 오래된 사이일수록 지켜야 할 예의가 더 많아지고, 그 예의가 마음을 눌러 숨이 막히는 느낌을 줄 때도 있다. 그 모든 무게를 안고 사는 우리는, 관계를 유지하기 위해 자신을 잃어가고 있진 않은가. 하지만 관계는 계속 더하고 쌓는다고 해서 건강해지는 것이 아니다. 때로는 줄이고 멀어지고 비워냄으로써 되살아나는 것들도 있다.

관계를 덜어낸다는 건 누군가를 끊어내는 일이 아니다. 오히려 나를 지키기 위해, 지금 내 마음에 무거운 것이 무엇인지를 돌아보는 일이다. 하루 중 가장 피로한 순간이 누구와의 연락 때문이라면, 그 관계는 잠시 내려놓아도 된다. 억지로 유쾌한 말투를 흉내 내거나, 상대의 말에 공감하는 척해야만 유지되는 관계라면, 그 안에서 나는 점점 사라지고 있는지도 모른다.

나 역시 그랬다. 마흔을 지나며 나는 더 이상 의미 없는 관계에 시간을 낭비하지 않기로 했다. 불필요한 약속은 줄이고, 형식적인 만남은 정중히 거절하면서, '나와 잘 지내는 삶'을 선택했다. 퇴근 후의 시간은 오롯이 내 삶을 위한 시간으로 바뀌었고, 그 시간 속에서 나는 내가 무엇을 사랑하고, 무엇에 몰입할 때 가장 살아 있음을 느끼는지 다시 배우게 되었다. 그 몰입의 시간이 있었기에 오랫동안 몸담아 온 분야를 깊이 사유하게 되었고, 그 생각들을 글로 옮기기 시작했다. 마침내 책을 내어 더 많은 사람들과 경험과 관점을 나눌 수 있었고, 그 모든 흐름은 내 삶을 한층 더 풍요롭고 단단하게 빚어 주었다.

덜어냄에는 용기가 필요하다. 혼자 남을 수도 있다는 불안도 있고, 나만 이기적인 사람이 되는 건 아닐까 하는 마음도 든다. 하지만 결국 나를 돌보지 못한 채 유지하는 관계는 나도, 상대도 함께 망가뜨린다. 조금 늦더라도, 이제는 관계의 균형을 다시 돌아볼 때다. 누구와 함께 있을 때 나는 편안한가. 어떤 대화가 끝났을 때 나는 더 단단해지는가. 무엇을 위해 유지하고 있는 관계인지, 내 안에 묻는 질문이 필요하다.

30년 넘게 친구였던 두 사람은 많은 계절을 함께 보냈다. 어릴 적부터 함께 자라며 삶의 굽이굽이를 통과했고, 긴 시간만큼이나 서로의 일상에 익숙해 있었다. 하지만 오랜 시간은 반드시 편안함을 보장하지는 않는다. 한 사람은 늘 자신의 이야기부터 꺼냈고, 다른 한 사람은 듣는 쪽에 서 있어야만 했다. 언제부턴가 그 대화는 위로가 아니라 숙제가 되었고, 그 만남은 기쁨보다는 피로로 남았다. 그러던 어느 날, 한쪽은 조용히 관계의 거리를 조절했다. 연락을 멈추고, 답장을 미루고, 비워둔 시간에 스스로를 들여다보기 시작했다. 처음에는 미안함이 있었고, 한참 동안 마음 한편이 허전했다. 하지만 시간이 흐를수록 깨달았다. 그 관계를 멈춘 이후, 비워둔 시간 속에 자신을 다시 채우고 있었다는 것을 알게 되었다.

관계를 덜어내면 시간이 남는다. 그 시간에 무엇을 채우느냐가 삶을 바꾼다. 조금 더 쉬고, 나를 돌보고, 아무 말 없이도 편안한 사람들과 함께할 수 있다면, 그것이 진짜 회복이고, 진짜 친밀함이다. 소설가 무라카미 하루키는 "혼자 있는 시간이 절대적으로 필요하다"고 말한 바 있다. 그는 인간관계에 에너지를 지나치게 쓰기보다는, 스스로와의 거리와 균형을 조절하는 데 집중하며 오랜 시간 창작과 삶을 병행해왔다. 누군가에게는 관계의 조율이, 단절이 아닌 회복의 방식일 수 있다. 배우 나문희도 어느 인터뷰에서 "필요한 사람은 남고, 필요 없는 관계는 나이 들수록 자연히 걸러진다"고 담담히 말했다. 그 말은 관계를 유지하지 않겠다는 선언이 아니라, 삶을 지키기 위해 관계의 무게를 덜어내겠다는 태도에 가깝다.

우리는 종종 관계를 잘 유지하는 것이 성숙함이라고 착각한다. 하지만 진짜 성숙은, 덜어낼 수 있는 용기에서 시작된다. 나는 누구와 함께할 때 '나'로 있을 수 있는가. 그 질문 앞에 솔직해지는 것, 그것이 관계를 정리하는 시작이다. 관계를 정리한다고 해서 곧장 외로워지는 것은 아니다. 오히려 그 안에서 비로소 내가 보인다. 더는 상대의 기분에 휘둘리지 않고, 나의 감정에 집중할 수 있을 때, 비로소 나는 나에게 가장 가까운 사람이 된다.

03

'괜찮다'보다 '그럴 수 있다'는 태도

우리는 자주 '괜찮다'는 말을 입에 올린다. 누군가 걱정할까 봐 그렇게 말하기도 하고, 이미 지나간 일이니 더는 꺼내고 싶지 않아서 말할 때도 있다. 때로는 스스로를 다그치듯, 마음을 억누르기 위해 그 말을 꺼내기도 한다. 하지만 그 말에는 어쩌면 아무렇지 않은 척하려는 태도, 얼른 감정을 덮고 지나가고 싶은 마음이 숨어 있다. 그래서일까. 괜찮다는 말은 때로 위로보다 더 큰 침묵을 남긴다.

삶은 늘 괜찮지만은 않다. 문득 찾아오는 허탈함, 이유 없는 눈물,

감당하기 버거운 감정들을 꾹 눌러 담은 채 '괜찮아, 아무 일 아니야' 라고 되뇌다 보면, 마음속 어딘가에는 더 큰 외로움이 쌓여간다. 그럴 때 필요한 말은 괜찮다는 확신이 아니라, 그럴 수도 있다는 이해다. 그럴 수 있다는 말은 상황을 바꾸지는 않지만, 마음을 풀어준다. 실수를 해도, 기대에 못 미쳐도, 누군가를 이해하지 못해도 그럴 수 있다는 말은 나를 다시 받아들이게 만든다. 누구보다도 그 말을 스스로에게 해줄 수 있어야 한다.

힘들어도 안 괜찮다고 말하지 못하는 사람, 도움을 청하지 못하는 사람, 감정을 숨긴 채 웃고 있는 사람은 대부분 '내가 너무 약한 건 아닐까'라는 마음속 질문을 안고 살아간다. 하지만 그런 마음도 그럴 수 있다. 약해졌다는 건 감정이 있다는 것이고, 지금 내 마음을 솔직히 마주하고 있다는 증거이기도 하다. 자신에게 그럴 수 있다고 말해주는 태도는 실수를 덮는 것이 아니라, 실수를 이해하는 방식이고, 결과를 무시하는 것이 아니라, 과정 속의 나를 존중하는 일이다.

지금까지 괜찮은 척하며 버텨온 나에게 '힘들었겠구나'라고 말해주는 순간, 비로소 마음은 조금씩 풀리기 시작한다. 한 상담가는 이런 말을 남겼다. 지금까지 나를 괴롭힌 건 사건이 아니라, 그때 느꼈던 감정을 스스로 부정한 태도였다고. 누군가에게 상처를 받고도 괜찮다고 눌러 담았던 순간, 서운했지만 이 정도는 참아야 한다고 넘겨버린 기억, 그 모든 것은 마음속에 남는다. 그때 '그럴 수 있어, 아팠겠구나'라고 말해주었더라면 그 기억은 조금 더 가볍게 흘러갔을지도 모른다. 우리는 타인을 위로할 때도 괜찮다는 말을 쉽게 꺼낸다.

하지만 그 말은 자칫 상대의 감정을 덮어버릴 수 있다. 그래서 힘들었구나. 그럴 수도 있지. 나라도 그랬을 것 같아. 이런 말들이 때로는 괜찮다는 말보다 훨씬 더 큰 위로가 된다. 사람은 스스로의 감정이 부정당하지 않았다는 경험에서 비로소 회복을 시작할 수 있다.

감정을 억누른다고 해서 사라지는 것은 아니다. 애니메이션 〈인사이드 아웃〉에서는 삶의 변화 속에서 혼란을 겪는 소녀 라일리의 내면을, 다섯 가지 감정 캐릭터가 움직이며 보여준다. 처음에는 '슬픔'을 배제하고 '기쁨'만 유지하려 하지만, 결국 슬픔이야말로 다른 이와 연결되고, 진짜 위로를 가능하게 한다는 것을 깨닫는다. 슬픔을 억누르지 않고 인정하는 순간, 마음은 비로소 회복을 시작한다. '괜찮아'라는 말보다 '슬펐겠구나'라는 말이 훨씬 더 큰 위로가 된다는 메시지는, 우리 모두에게 감정의 언어를 다시 생각하게 만든다.

배우 전도연도 어느 인터뷰에서 이렇게 말했다. "나는 늘 괜찮은 척하며 살아왔다. 그런데 나중에야 깨달았다. 그 감정들을 인정하지 않으면, 결국 나를 잃게 된다는 걸."

그의 말은 단순한 고백이 아니라, 감정을 수용하는 태도가 삶을 얼마나 바꿔놓을 수 있는지를 보여준다. '괜찮다'는 말로 감정을 눌러 담기보다는, 지금 내가 어떤 마음인지 먼저 살피고 받아들이는 태도가 더 필요한 이유다.

괜찮지 않은 날도 있다. 그렇다고 해서 그 하루가 틀린 건 아니다. 오늘은 울어도 괜찮고, 아무것도 하지 않아도 괜찮고, 실망해도 되고, 피하고 싶어도 된다. 그 마음들을 품고도, 여전히 나는 나로 살아가고 있으니까. 지금 이 순간, 내가 내 마음을 외면하지 않고 바라보고 있다면 그 자체로 이미 충분하다. 괜찮지 않아도 괜찮다. 지금 내 마음이 그런 것뿐이다. 그리고 그럴 수도 있다.

지금 이 순간, 내가 내 마음을 외면하지 않고 바라보고 있다면 그 자체로 이미 충분하다. 괜찮지 않아도 괜찮다.

보너스 챕터

혼자서도 괜찮은 연습
– 나와 함께 사는 연습

정신건강의학과 전문의 정혜신은 『당신이 옳다』에서 말했다. "혼자 있는 힘이 없으면, 관계는 오히려 독이 될 수 있다." 누군가와 함께 있어야 덜 외로운 것이 아니라, 혼자 있어도 괜찮은 사람이 관계에서도 덜 흔들린다는 말이다. 이 문장은 '혼자서도 괜찮은 삶'을 위한 연습이 왜 중요한지, 아주 선명하게 보여준다.

그녀는 수십 년간 트라우마와 마음의 고통을 겪는 사람들을 상담하며, '공감'의 힘과 '자기 돌봄'의 기술을 강조해 왔다. 그 통찰은 단순한 이론이 아니라, 수많은 사람들과의 만남에서 길어 올린 실제적 지혜다.

우리에게는 관계를 맺는 기술만큼이나 혼자 잘 지내는 기술도 필요하다. 하지만 우리는 '함께'를 너무 일찍 배웠고, '혼자'를 너무 늦게 배우고 있다. 누군가와 함께하기 위해서도, 결국은 먼저 나와 잘 살아야 한다. 이 장은 바로 그 연습을 위한 작고 단단한 마음의 단련들을 담고 있다.

1. 혼자 있는 시간이 두려운 이유

혼자라는 말에 위로를 받는 사람이 있고, 상처를 받는 사람도 있다. 어떤 이에게는 고요한 시간이 회복이 되지만, 또 다른 이에게는 외로움이 깊어지는 순간이 된다. 하지만 '혼자 있는 시간'은 누구에게나 필연적인 삶의 조각이다.

누군가 곁에 있어야 안심이 되고, 침묵이 어색해서 말을 채우고, 혼자 밥을 먹는 게 민망한 시간이라면, 우리는 아직 혼자 있는 기술을 배우지 못한 걸지도 모른다.

2. 고요에 익숙해지는 연습

혼자 있는 시간이 불편한 건, 함께하는 시간만이 정상이라고 여겨왔기 때문이다. 관계를 잘 맺는 법은 많이 배웠지만, 나와 잘 지내는 법은 배우지 못했다. 그렇다면 이제, 혼자 있는 시간을 다시 배워보는 건 어떨까?

- 침묵이 흐르는 시간을 버티는 연습
- 혼자 밥을 먹고, 혼자 걷고, 혼자 기록하는 루틴 만들기
- 고요한 시간에 나에게 말을 걸어보는 일

혼자는 결핍이 아니라 선택이 될 수 있다. 그 선택이 내 삶의 중심을 회복하게 한다.

3. 나와 대화하는 기술

혼자 있는 시간은 결국 나와 마주하는 시간이다. 스스로에게 질문을 던지고, 감정을 확인하고, 때로는 다독이는 말도 건네야 한다. 처음엔 어색하고 불편하지만, 연습할수록 익숙해진다. 마치 새로운 언어를 익히듯, 자기와의 대화도 감각이 필요하다.

오늘 하루 중 마음이 가장 불편했던 순간은 언제였는지, 그때 어떤 생각이 스쳐갔는지, 무엇이 나를 움츠리게 했고, 또 무엇이 나를 조금 웃게 했는지를, 기록하고 바라보는 연습이 필요하다.

이런 질문을 자주 해보면 좋다.

- 지금 내 마음은 어떤가요?
- 나는 무엇이 두렵고, 무엇이 필요한가요?
- 지금 이 감정은 어디서 왔고, 어디로 가고 있나요?

4. 함께여도 외롭고, 혼자여도 단단한 삶

사람이 꼭 있어야 외롭지 않은 것은 아니다. 오히려 누군가와 함께 있으면서도 외로움을 느낄 때가 많다. 관계가 나를 채우는 게 아니라, 내가 나를 채우는 연습이 되어 있어야 한다. 그래야 함께여도 편안하고, 혼자여도 괜찮다.

혼자서도 괜찮은 사람은, 함께 있을 때 더 따뜻한 사람이 된다. 혼자인 시간을 어떻게 보내는지가, 결국 삶의 온도를 만든다.

5. 작지만 확실한 혼자의 실천

지금 당장 혼자 있는 시간에 시도해볼 수 있는 작고 구체적인 실천을 정리해 본다.

- 혼자 있는 30분 동안 휴대폰 없이 산책하기
- 내 감정을 한 문장으로 써보기
- 아무 이유 없이 나에게 편지 쓰기
- 고요한 음악과 함께 있는 시간 만들기

이런 사소한 연습이 쌓이면, 혼자 있는 시간도 나를 위한 좋은 관계가 된다. 나와 잘 지내는 사람이 결국 삶과도 잘 지낼 수 있다.

6. 마무리: 나를 지키는 '고요'

혼자 있는 시간이 지루하거나 쓸쓸하지 않게 되면, 삶이 훨씬 가벼워진다. 누군가에게 의지하지 않아도, 기대하지 않아도, 나를 위로하고, 나를 지키고, 나를 좋아하는 힘이 생긴다.

혼자라는 건, 텅 빈 상태가 아니라 나로 가득한 시간이다. 그 시간을 잘 살아내는 사람만이, 관계에서도 더 자유롭고 건강할 수 있다.

오늘 하루의 끝에서 나에게 이렇게 말해 보자.

'나는 오늘도 나와 함께 잘 살아냈다.'

에필로그

불안은 끝나지 않는다,
하지만 내가 달라질 수는 있다.
— 오늘 하루, 내 삶을 잘 살아낸 당신에게

우리는 모두 불안과 함께 살아간다.
내일이 불확실해서, 오늘이 버거워서, 어제의 나를 후회해서.
삶은 언제나 예측할 수 없고, 우리는 그 안에서 흔들리며 버텨야 한다.
많은 사람이 말한다.
"불안은 없어지지 않는다."
맞다. 불안은 쉽게 사라지지 않는다.
하지만 꼭 사라져야 할 것도 아니다.

불안은 인간이라면 누구나 겪는 자연스러운 감정이다.
중요한 건 불안을 없애는 것이 아니라,
불안과 함께 걸어가는 자신만의 방식과 리듬을 갖는 것이다.
우리는 이 책을 통해 불안에 휩쓸리지 않고,
자신의 삶을 단단히 붙드는 작은 기술들을 배워왔다.
삶의 속도를 비교하지 않기,
필요한 관계를 선별하고, 스스로에게 집중하기,
하루 10분, 나를 돌보는 루틴 만들기.
그 작은 실천들이 우리 삶을 무너지지 않게 지탱해준다.

나는 이 책을 쓰는 동안에도 자주 흔들렸다.
글을 쓰는 일조차, 내가 잘하고 있는 걸까 의심한 날도 있었다.
나 역시 완벽하지 않고, 단단해지려 노력하는 중이다.
그러니 이 책은 내가 당신보다 앞서 있기 때문에 쓴 것이 아니라,
함께 걷고 있기 때문에 쓰게 된 기록이다.

삶을 완벽하게 살아내는 사람은 없다.
하지만 삶을 완주하려는 사람은 분명히 있다.
이 책을 끝까지 읽은 당신이 바로 그런 사람이다.

불안하다는 건 잘 살고 있다는 증거일지도 모른다.
당신은 지금 자신의 삶을 진지하게 마주하고 있는 중이니까.
지금껏 해낸 것들이, 크든 작든, 결코 의미 없지 않다는 것을 잊지 않았으면 한다.
오늘 하루, 불안과 함께하면서도
자기 삶을 견디고, 버티고, 살아낸 당신에게.
이 책이 작은 위로가 되었기를.
그리고 내일도 그렇게, 당신 자신을 지켜내기를 바란다.

그리고 마지막으로,
지금 여기까지 살아내 준 당신에게
진심으로 감사한다.

박자양

부록

당신의 단단한 삶을 위한 작은 연습들

'이제 당신의 이야기를 시작할 시간입니다.'

내 삶의 문장 노트

- 긴 인생을 단단하게 살아가기 위한, 나만의 문장을 찾는 시간 -

-------------------- ❶ 마음에 남은 문장 --------------------

✏ 지금까지 읽은 글 중, 가장 마음에 남은 문장은 무엇인가요?
그 문장이 왜 내게 울림을 주었는지도 함께 적어보세요.

- 문장1:
  이유:
- 문장2:
  이유:

----------------- ❷ 지금 나에게 필요한 태도 -----------------

✏ 지금 이 시기의 나에게 꼭 필요한 마음가짐이나 태도는 무엇인가요?

- 지금 필요한 태도: ____________________

❸ 작은 실천 다짐

✏ 지금 할 수 있는 가장 작은 실천을 하나 적어보세요.
그 작은 행동이 삶의 방향을 바꿀 수 있습니다.

• 해보고 싶은 실천: ____________________________

• 시작할 날짜는 언제인가요?　　년　　월　　일

❹ 나를 지키는 문장 만들기

✏ 이 책을 읽고 만든 나만의 문장을 적어보세요.
힘들 때 꺼내 읽을 수 있는, 당신만의 언어입니다.

• 내 삶을 지키는 문장: ____________________________

기억하세요

지금 적은 문장은 당신 안에 이미 존재하던 힘입니다.

그 문장들이 당신 삶의 기준이 되고, 불안한 날에도 다시 꺼내 읽을 수 있는 단단한 뿌리가 되어주기를 바랍니다.

■ 내 삶을 지키는 문장 노트, 언제든 다시 열어보세요.

오늘의 감정 체크

- 오늘 하루를 살펴보는 일곱 가지 감정 -

☐ 행복 ☐ 외로움 ☐ 불안 ☐ 분노 ☐ 허탈 ☐ 기쁨 ☐ 안정

■ 오늘 가장 오래 머문 감정은?

■ 그 감정을 느꼈던 순간은 언제였나요?

■ 그 감정 속에서 내가 붙잡은 생각은?

■ 내일은 어떤 감정을 더 오래 느끼고 싶은가요?

기억하세요

감정은 부끄러운 것이 아니라, 나를 지키는 첫 번째 신호입니다. 오늘의 감정을 놓치지 않는 당신은 이미 마음을 돌보는 연습을 시작한 사람입니다.

10년 후의 나에게

"지금 이 시기를 지나고 있는 나는…"

보낸 날짜: ____________

■ 지금 내가 붙잡고 있는 감정은?

■ 지금 이 선택이 어떤 결과로 이어지길 바라나요?

■ 지금의 내가 너에게 해주고 싶은 가장 큰 격려는?

받는 사람: 10년 후의 나

기억하세요

지금의 당신이 써 내려간 한 문장이, 먼 훗날 당신에게 가장 따뜻한 위로가 될지도 모릅니다. 그때의 당신이 이 글을 꺼내 읽으며 웃기를, 저는 조용히 응원합니다.

나만의 단단한 하루 루틴 만들기

- 작은 습관이 나를 버티게 합니다 -

■ 매일 10분 나를 돌보는 루틴 세 가지

1. ______________________________

2. ______________________________

3. ______________________________

■ 나만의 회복 문장("이 또한 지나간다" / "나는 오늘도 살아냈다")

____

■ 오늘 하루 나를 위해 해보고 싶은 작은 도전

____

💡 기억하세요

위대한 변화는 아주 작은 습관에서 시작됩니다. 당신이 만든 이 하루 루틴이, 언젠가 삶을 지탱하는 단단한 기반이 되기를 바랍니다.

삶의 기준을 만드는 체크리스트

- 흔들릴 때 돌아올 나만의 중심 -

■ 지금 내 삶에서 가장 소중하게 여기는 것 세 가지

1. ______________________________

2. ______________________________

3. ______________________________

■ 지금의 나에게 더는 필요 없는 것(남의 기대, 비교, 지나친 완벽주의 등)

____

■ 내 삶을 지켜줄 중심 언어 한 가지(단단함 / 온기 / 자유 / 유연함 등)

____

💡 기억하세요

누구의 삶에도 정답은 없습니다. 하지만 당신만의 기준이 있다면, 인생의 방향을 다시 잡을 수 있습니다. 이 페이지에 적힌 당신의 언어가, 앞으로의 삶을 비추는 나침반이 되기를.

저자 소개

박자양

교육학 박사 · 강서교육복지센터장

저자는 10여 년간 교육복지 현장에서, 학교·가정·지역사회가 맞닿는 지점에서 위기 학생들을 직접 만나왔다. 학생맞춤통합지원, 사례관리, 심리·정서 지원, 가정 개입 전 과정을 경험하며 '현장에서 곧바로 쓰이는 실무 지침'을 만드는 일에 힘써왔다.

저서로는 『학생맞춤통합지원과 교육복지 실무』가 있다.

오래 살아야 하니까 단단하게

1판 1쇄 인쇄 2025년 11월 15일
1판 1쇄 발행 2025년 11월 20일

지 은 이 | 박자양
발 행 인 | 박철용
발 행 처 | 양서원
주 소 | 경기도 파주시 직지길 522 파주출판도시
전 화 | 031–955–8000(代)
팩 스 | 031–955–8005
홈페이지 | www.yswpub.co.kr
이 메 일 | yswgroup@naver.com
출판등록 | 1987년 11월 24일 제406-2003-037호

ISBN 978-89-994-1618-7

정가 14,000원